Laban

Der moderne Ausdruckstanz

Rudolf von Laban

Der moderne Ausdruckstanz in der Erziehung

Eine Einführung in die kreative tänzerische Bewegung als Mittel zur Entfaltung der Persönlichkeit

Unter Mitarbeit von
Lisa Ullmann

Aus dem Englischen übertragen von
Karin Vial

FLORIAN NOETZEL GMBH
Verlag der Heinrichshofen-Bücher · Wilhelmshaven

Die Deutsche Bibliothek - **CIP-Einheitsaufnahme**

Laban, Rudolf von:
Der moderne Ausdruckstanz in der Erziehung: e. Einf. in d. kreative tänzer. Bewegung als Mittel zur Entfaltung d. Persönlichkeit / Rudolf von Laban. Unter Mitarb. von Lisa Ullmann. Aus d. Engl. übertr. von Karin Vial - 5. Aufl. - Wilhelmshaven : Noetzel, Heinrichshofen-Bücher, 2001
Einheitssacht. : Modern educational dance <dt.>
ISBN 3-7959-0320-3

1. Auflage 1982
2. Auflage 1984
3. Auflage 1988
4. Auflage 1998
5. Auflage 2001
6. Auflage 2021

Satz und Druck: Florian Noetzel Verlag
Gedruckt auf säurefreiem, alterungsbeständigem Papier
Printed in Germany
ISBN 978-3-7959-0320-6

Inhalt

Vorwort

Labans Werk, das die Entwicklung der Tanzkunst in diesem Jahrhundert entscheidend beeinflußte, hatte sein großes Wirkungsfeld in Mitteleuropa und bis in die dreißiger Jahre hauptsächlich in Deutschland. Als er 1938 nach England kam, wurden seine Vision von den menschenbildenden Kräften des Tanzes und seine Forschungserkenntnisse über das Wesen menschlicher Bewegung als Grundlage für pädagogische, therapeutische und soziale Ziele herangezogen. So entwickelte sich daraus, neben manchem anderen, der kreative Tanz (in diesem Buch »moderner Ausdruckstanz« genannt), der vom englischen Unterrichtsministerium dann weitgehend als Schulfach eingeführt und somit auch Studienfach in der Lehrerausbildung wurde.

Obwohl das vorliegende Buch vor so vielen Jahren und im angelsächsischen Bereich geschrieben wurde, glaube ich, daß es auch im deutschen Sprachraum Anregung und Einsichten vermitteln wird, wie es der englische Text noch heute in den verschiedensten Ländern der Welt tut, weil er die zeitlosen und allgemeingültigen Aspekte tänzerischer Bewegung darlegt.

Laban führt den Leser in die Grundlagen einer tänzerischen Bewegungserziehung ein und deutet methodische Einzelheiten an. Da diese von vielen individuellen Umständen abhängig sind, versucht er durch Aufzeigen allgemeiner Richtlinien die Kreativität des einzelnen anzuspornen, der dann mit eigener Phantasie der Übung eines immer mehr anwachsenden Bewegungsvokabulars Farbigkeit und Leben verleihen muß. Der Studierende kann hierfür eine weitere Hilfe in der umfangreichen, auf Labans Arbeit aufbauenden Literatur und in praktischen Kursen finden.

Mit der Übersetzung des Buches ins Deutsche übernahm Karin Vial eine beträchtliche Aufgabe. Mit großem Verständnis hat sie die Fachbegriffe übertragen und den geistigen Hintergrund des »Modern Educational Dance« eingefangen. So liegt dem deutschen Leser nun eine originalgetreue Übersetzung vor. Ich bin ihr dafür dankbar, denn durch ihre Übersetzung können nun auch die an tänzerischer Bewegung interessierten Menschen im deutschen Sprachraum wieder an Labans Werk teilhaben.

Addlestone, England
September 1980 Lisa Ullmann

Vorbemerkung

Dieses Buch ist als Leitfaden für Lehrer und Eltern gedacht. Die darin enthaltenen Gedanken beschäftigen sich mit jenem Zweig der Bewegungskunst, der im englischen Sprachraum »Modern Dance« genannt worden ist. Obgleich die Bezeichnung »moderner Tanz« manche Leute dazu verleiten mag, an Gesellschaftstanz zu denken, ist sie doch mittlerweile so gebräuchlich geworden, daß ihre Verwendung in vorliegendem Werk gerechtfertigt erscheint.[1]

Der in Bratislava (heute Slowakei) geborene Autor begann vor vielen Jahren in Paris, die Bewegung unter einem neuen Gesichtspunkt zu erforschen und die gewonnenen Erkenntnisse in die Praxis umzusetzen. Der ursprünglich gebrauchte Name für die neue Tanzrichtung war *»la danse libre«* oder *»Freier Tanz«*. Warum gerade dieser Name gewählt wurde, wird aus dem nachfolgenden Text deutlich werden. Die Idee verbreitete sich in vielen Ländern Europas, was zur Bezeichnung »mitteleuropäischer Tanz« führte, obwohl die gleichen Tanzformen zur selben Zeit

1 Anm. d. Ü.: Ursprünglich bezeichnete der Begriff »moderner Tanz« die im Gegensatz zum klassischen Ballett entstandene Tanzkunst seit Isadora Duncan. Geprägt wurde er in einem Werk gleichen Titels, das Hans Brandenburg Anfang des Jahrhunderts veröffentlichte. Heute – mehr als 30 Jahre nach dem Erscheinen des vorliegenden Buches – versteht man im deutschen Sprachraum unter »Modern Dance« vor allem jene Techniken, die in den letzten Jahrzehnten von einzelnen herausragenden Tänzern in den USA entwikkelt worden sind und besonders für den Bühnentanz Bedeutung haben. Zur Abgrenzung wird im folgenden der Regriff »moderner Ausdruckstanz« verwendet.

auch in Amerika lebendig wurden. Europa jedoch war der Ursprung einer umfassenden dazugehörigen Theorie. Die prominenten Vertreter der neuen Tanzrichtung auf der Bühne, in Laientanz und Erziehung sowie jene Leute, die die neuentdeckten Bewegungsprinzipien in die Industrie übertrugen, stammten aus vielen Ländern der Welt.

Bei der Aufgabe, die Anwendung der neuen Tanzformen in der schulischen Erziehung von heute darzustellen, hat sich der Autor auf die Berichte seiner besten in diesem Bereich tätigen Schüler verlassen müssen. Dank gebührt so vielen von ihnen, daß ihm an dieser Stelle nur in allgemeiner Form Ausdruck verliehen werden kann.

Besonders erwähnt werden sollen jedoch die, die unmittelbar an der vorliegenden Veröffentlichung beteiligt waren. Lisa Ullmann trug Aufzeichnungen bei aus ihren vielfältigen Aktivitäten an britischen Schulen und Lehrerausbildungsstätten. Veronica Tyndale-Biscoe half mir den Text so lesbar wie möglich zu gestalten.

Die Veröffentlichung entstand auf Drängen der Leiter der »Modern Dance Holiday Courses«, die ihrerseits eine Menge dazu beigetragen haben, daß sich die neue Tanzform in diesem Land verbreiten konnte.

Der Autor ist überzeugt, daß in einem Alter, in dem sich der natürliche Tanztrieb des Kindes genügend entwickelt hat, es möglich und von erzieherischem Wert ist, den Tanzunterricht auf die Prinzipien moderner Bewegungsforschung zu gründen. Diese Überzeugung mag die Hoffnung rechtfertigen, daß dieser Leitfaden interessierten Pädagogen und Eltern ein nützliches Handwerkszeug oder zumindest einige Anregungen geben wird.

Manchester
6. Februar 1948 Rudolf von Laban

Erstes Kapitel

Einführung

Man wird sich heute mehr und mehr darüber klar, daß die Schule auch die tänzerische Erziehung in Betracht ziehen muß, Nun stellt sich die Frage, wie wir vorgehen sollen. Bieten die Überreste der historischen Tanzkunst ein ausreichendes Fundament, auf dem die neue Tanzerziehung in der Schule aufbauen kann, oder müssen wir uns in der komplexen modernen Zivilisation diesem Problem anders nähern? Ich glaube, die Antwort ist, daß wir uns umschauen und die Lebensbedingungen von heute mit jenen aus früheren Zeiten vergleichen müssen, in denen die traditionellen Tanzformen entstanden sind.

Wir sollten auch die Beziehung untersuchen, die zwischen den Tanzformen und dem allgemeinen Verhalten, besonders den Arbeitsgewohnheiten einer bestimmten Zeit besteht. Verglichen mit dem, was wir in diesem Zusammenhang über andere Kunstgattungen Wissen, sind unsere Kenntnisse auf dem Gebiet der Bewegungskunst sehr dürftig.

Die Geschichte der Architektur, Bildhauerei, Malerei, Musik und Dichtung beschreibt die Veränderungen, die diese Künste in den verschiedenen Epochen und Abschnitten der Zivilisation erfahren haben. Die Unterschiede zwischen griechischen Tempeln, gotischen Kathedralen und den Wolkenkratzern unserer Zeit sind so deutlich, daß jedermann sie klar erkennen kann. Es ist einfach, durch geschichtliche Fakten ein Interesse für die Veränderungen der Gesellschaftsordnung und der Lebensbedingungen zu wecken und zu erklären, wie die typischen Formen z.B. einer Architekturepoche mit der allgemeinen Entwicklung und Eigenart des öffentlichen Lebens jener Zeit verknüpft sind. Ähnliche Verbindungen zwischen Formen des gesellschaftlichen Lebens und den Produkten aller Kunstgattungen – mit Ausnahme des Tanzes – sind mühelos aufzuzeigen. Daher kommt es, daß in diesem Zusammenhang nur selten an Tanz gedacht wird, die ursprünglichste Kunst des Menschen. Während all die anderen Künste Zeugnis hinterlassen haben in Form von Bauwerken, Bildern, Niederschriften von Dichtung und Musik, ist die Bewegungskunst vergangener Zeiten verblaßt und verschwunden. Die einzigen von ihr hinterlassenen Spuren sind zufällige Beschreibungen, entweder mit Worten, die das Bild einer Bewegung immer nur unzureichend wiedergeben können, oder in Choreographien, die niemand recht entziffern kann.

Einige Tänze aus jüngerer Zeit sind durch die Tradition des Tanzens lebendig geblieben. Wir kennen einige Volkstänze des Mittelalters und die Tänze aus der Zeit des Absolutismus, die der politischen und industriellen Revolution vorausging. Was jedoch aus allen Zeiten an Bewegungskunst überliefert worden ist, ist so mager, daß die breite Öffentlichkeit sich kaum bewußt ist, daß zwischen Veränderungen in den gesellschaftlichen Zuständen und dem Tanz eine Verbindung besteht. Methodische Untersuchungen der in Tänzen enthaltenen Bewegungsformen und ihre Auswirkung auf die verschiedenen Bereiche des öffentlichen Lebens sind kaum begonnen worden. Die Rolle der Bewegungskunst in der Erziehung ist erst vor kurzem wiederentdeckt worden. Wir wissen lediglich, daß der Tanz in alten Zeiten eine viel größere Rolle im öffentlichen Leben spielte, und doch sind uns die primitiven Formen des Gemeinschaftstanzes, wie man sie noch heute bei den Eingeborenen anderer Kontinente erleben kann, ebenso fremd wie ihre ganze Zivilisation. Diese Tänze können uns weder als Vorbild dienen, noch geben sie genug Anregung.

So scheint es, daß der Mensch von heute seine eigene Bewegungskunst schaffen muß. Ein Anfang dazu ist in jenen Tanzformen zu sehen, die in Amerika und im übrigen englischen Sprachraum »Modern Dance« (vgl. auch S. 11) genannt werden.

Verglichen mit den Überresten mittelalterlicher Volkstänze und mit den Bewegungsformen aus der Zeit absolutistischer Herrscher, ist der »Modern Dance« reicher an Gesten und Schritten und bietet mehr Freiheit. Ein weiteres charakteristisches Merkmal der heutigen Bewegungskunst ist, daß die tänzerischen Ausdrucksformen in den Bewegungsgewohnheiten des modernen Menschen eine Entsprechung finden. Unsere Zeit ist nicht ganz zu Unrecht die Epoche der industriellen und technischen Revolution genannt worden, und man darf sicher den modernen Tanz als Bewegungsausdruck des Menschen im Industriezeitalter bezeichnen.

Tänze standen zu allen Zeiten in engem Zusammenhang mit den Arbeitsgewohnheiten der Epoche, in der sie entstanden oder geschaffen wurden. Etwa in der Mitte des 18. Jahrhunderts (1760) wandte sich ein bemerkenswerter Mann, der französische Ballettmeister Jean George Noverre, seiner Eingebung folgend, von den höfischen Tänzen seiner Zeit ab. Obgleich er selbst davon nichts berichtet, können wir wohl annehmen, daß ihm die Augen geöffnet wurden durch das Gedankengut und intellektuelle Klima jener Zeit, die schließlich zur französischen Revolution führten. Möglicherweise sah er auch die künftige Entwicklung der industriellen Zivilisation voraus, und aus der Vision neuer, bisher nie geschauter menschlicher Arbeitstätigkeiten strebte er an, einen neuen Bewegungsausdruck für die Bühne zu schaffen. Was immer auch der Fall war, so hat Noverre doch als erster erkannt, daß weder die alten Bauerntänze noch die Tanzvergnügungen des Königs sich für den Menschen der wachsenden Industriezentren eigneten.

Er setzte seine Ideen in die Tat um, indem er die alten Bühnenkostüme, die Kopfbedeckungen und Dekorationen abschaffte, soweit sie den freien Fluß der Bewegung behinderten. Er schuf *das »ballet d'action«*, in welchem statt zeremonieller Verbeugungen und Raffinessen die ganze Skala menschlicher Leidenschaften Ausdruck fand. Nach meiner Meinung war seine größte Leistung jedoch, daß er seine Schüler auf die Straßen, die Marktplätze und in die Werkstätten schickte. Dort sollten sie die Körperbewegungen ihrer Zeitgenossen studieren, anstatt wie bisher das feine Gehabe von Prinzen und Hofleuten nachzuahmen. Diese bewegten sich zweifellos zwar voll Anmut und mit großer ästhetischer Vollkommenheit, es fehlte aber das Leben darin, genauer gesagt, die Verbindung mit dem brodelnden Leben der Städte, in denen dichtgedrängt die Vertreter einer neuen Generation, die ersten Vorfahren des durch die Industrie geprägten Menschen lebten.

Noverre war Künstler, und er arbeitete ausschließlich für die Bühne. Doch zeigen die Beschreibungen seiner Ballette und seine eigenen Schriften, daß er ein Prophet war, der die geistigen Strömungen unserer Zeit voraussagte. Das Ungewöhnliche daran ist, daß er seinen Visionen nicht durch Worte, sondern Bewegungen Ausdruck verlieh.

Seit Noverres Zeit sind viele Tänzer und Choreographen dem von ihm gewiesenen Weg zu einem neuen Bewegungsausdruck gefolgt, wenn auch die Traumwelt der Elfen und Prinzen mit ihren klassisch stilisierten Evolutionen im Raum das Publikum weiterhin in seinen Bann zog.

Die Industrie war es, die die neue Bewegungsforschung einleitete. Seit sich herausgestellt hatte, wie tiefgreifend sich die Arbeitsprozesse des mechanisierten Zeitalters von denen der vor-revolutionären Epochen europäischer Zivilisation unterschieden, sind manche Versuche unternommen worden, die körperlichen Bewegungen des Arbeiters den neuen Erfordernissen anzupassen. In diesem Zusammenhang muß Frederick W. Taylor erwähnt werden, der Begründer der sogenannten »wissenschaftlichen Betriebsführung«. Er war einer der ersten, die das Rätsel der menschlichen Bewegung aus einem ganz neuen Blickwinkel zu ergründen versuchten. Sein Ziel war natürlich, die Arbeitsleistung der Leute an den Maschinen zu erhöhen, ohne daß er jemals an einen möglichen ästhetischen Wert der Bewegung dachte. Aber er ahnte den erzieherischen Wert der Bewegung, besonders im Hinblick auf die Ausbildung von Industrielehrlingen.

Eine Zeitgenossin Taylors war Isadora Duncan. Es bestand zwischen ihnen keinerlei Beziehung, und wahrscheinlich wußte sie auch nichts von seinen Bestrebungen in der Industrie. Sie war überzeugt, daß die Bewegung nur dann aus den Fesseln überkommener Gewohnheiten zu befreien war, wenn man zu den Tanzformen aus früheren Epochen der Tanzgeschichte, besonders aber zu den Bewegungsformen des antiken Griechenlands zurückkehrt. Nach dem Vorbild griechischer Skulpturen und Vasenmalereien versuchte sie, die zweitausend Jahre alten Tanzformen zu rekonstruieren. Bilder können jedoch keinen verläßlichen Hinweis auf Rhythmus und Gestalt eines Tanzes geben, weil sie als statisches Abbild immer nur solche Augenblicke in der Bewegung festhalten, die für eine bildliche Darstellung reizvoll sind. Ich glaube, daß Isadora Duncans wertvolle Tänze vor allem Ausdruck ihrer Zeit waren und daß sie nur oberflächlich den Bewegungsformen des antiken Griechenlands glichen.

Sie befreite den tanzenden Körper von einem Übermaß an Kleidung, das den Fluß der Bewegung eingeengt hatte, und trug damit in ihrer Zeit schon viel dazu bei, daß der Mensch die im Verbergen seines Körpers zum Ausdruck kommende Befangenheit abzulegen begann. Das größte Verdienst der Duncan bestand jedoch darin, daß sie eine tänzerische Ausdrucksform wieder zum Leben erweckte, die man im Gegensatz zu vorwiegend dramatischen Tanzformen des Balletts »poetischen Tanz« nennen könnte. Es gab in ihren Tänzen, die sie selbst als Ausdruck ihres »Seelenlebens« bezeichnete, keine Handlung.

Sie erweckte im modernen Menschen wieder den Sinn für die Poesie in der Bewegung. Zu einer Zeit, als die Wissenschaften und vor allem die Psychologie radikal jede Vorstellung von einer »Seele« abschaffen wollten, demonstrierte diese Tänzerin mutig und mit Erfolg, daß in dem Fluß menschlicher Bewegung ein Ordnungsprinzip existiert, daß sich nicht in der gewohnten rationalen Weise erklären läßt. Als Pädagogin interessierte sie sich ganz besonders für die Wirkung, die das mehrfache Wiederholen von ähnlichen Bewegungen auf die innere und äußere Haltung dem Leben gegenüber hat.

Die Bewegung hatte man bis dahin – zumindest in unserer Zivilisation – nur als Mittel zum Zweck angesehen, dessen sich der Mensch zum Erreichen eines praktischen Zieles bediente;

nun erschien sie als machtvolle, unabhängige Kraft, fähig, innere Zustände hervorzurufen, die sich im Menschen oft stärker als sein Wille erwiesen. Dies war eine recht beunruhigende Entdeckung zu einer Zeit, in der durch Willenskraft vollbrachte Leistungen als höchstes Ziel menschlichen Strebens galten.

Die industrielle Bewegungsforschung hat die Richtigkeit des von Künstlern intuitiv Entdeckten bestätigt. Heute wissen wir, daß moderne Arbeitsgewohnheiten häufig die seelische Verfassung nachteilig beeinflussen und daß dies unvermeidlich unserer gesamten Zivilisation Schaden zufügen wird, wenn kein Ausgleich geschaffen werden kann. Den besten Ausgleich bieten natürlich Bewegungen, die dem katastrophalen Einfluß der aus den modernen Arbeitsgewohnheiten resultierenden einseitigen Bewegungsgewohnheiten entgegenwirken können.

In der vorindustriellen Epoche unserer Zivilisation war das Leben der Handwerker und Bauern reich an Bewegung. In ihren Berufen hatte ein jeder die verschiedensten Aufgaben zu erfüllen, welche häufig den ganzen Körper beanspruchten. Sie mußten ihren Verstand gebrauchen, denn jeder war für die Organisation seines Betriebes selbst verantwortlich. Das Beschaffen von Rohstoffen, das Einkaufen, der Transport, dann der eigentliche Produktionsprozeß und der Verkauf lagen in den Händen ein und desselben Mannes. Der Industriearbeiter von heute ist spezialisiert, und zwar nicht nur auf eine dieser Aufgaben, sondern auf eine bestimmte Teilfunktion derselben, oft eine relativ einfache Bewegungssequenz, die er sein Leben lang von morgens bis abends auszuführen hat. Er muß seinen Verstand gebrauchen, aber nur auf einem beschränkten Gebiet. Seine Freizeit ist angefüllt mit Vergnügungen, denen jene Einheit von körperlichem und geistigem Hochgefühl fehlt, die in früheren Zeiten aus dem Stolz auf Geschaffenes und aus einer organisatorischen Unabhängigkeit erwuchs. Der Stolz auf die geleistete Arbeit fand übrigens seinen Ausdruck in festlichen Tänzen.

Auch die Kinder von heute haben in ihrer Schulzeit nicht den Wert der Bewegung schätzen gelernt. Sie wissen kaum, wie stark eine glückliche Zukunft auch davon abhängt, daß das Leben reich an Bewegung ist. Heutzutage ist man in der Erziehung bemüht, diesen Zuständen entgegenzuwirken, indem man mehr Gewicht auf das Musische, die Künste legt, Dies bezieht sich auch auf die Kunst der Bewegung, da man im Tanz die elementare Kunst des Menschen erkannt hat.

Der Tanz hat heute seinen Platz unter den Künsten wieder eingenommen, und sogar die historischen Formen werden mit neuem Leben erfüllt, denn viele Leute empfinden ganz intuitiv das Bedürfnis, sich inspirieren zu lassen öder zumindest mehr zu erfahren über eines der bestimmendsten Merkmale menschlicher Existenz, die Bewegung.

Im modernen Ausdruckstanz in der Erziehung werden die Dinge mit in Betracht gezogen, die auf dem Gebiet der Tanzkunst von den bedeutendsten Pionieren erforscht und gedacht worden sind, auch von jenen, die Bewegung unter dem mehr prosaischen Aspekt der Arbeitsleistung untersucht haben. Dies kann man im Tanz in dem Reichtum an befreiten Bewegungsformen, Gesten und Schritten sehen, wie auch an den viel freieren Bewegungen des Menschen im Alltagsleben.

Eine neue Auffassung von den Bewegungselementen, die auf modernen Arbeitsuntersuchungen basiert, hat in den Tanzunterricht Eingang gefunden. Die Grundidee der neuen tänzerischen Schulung ist, daß alle menschlichen Tätigkeiten – in den verschiedensten Bereichen, also auch im Tanz – aus Bewegungssequenzen bestehen, in denen jeder Einzelbewegung ein ganz bestimmter Bewegungsantrieb der agierenden Person zugrunde liegt.

Das Erkennen einer spezifischen Qualität des Bewegungsantriebs wird möglich, weil jede Bewegung aus einer Kombination von Antriebselementen besteht.[2] Sie sind zurückzuführen auf die innere Einstellung der sich bewegenden Person zu den Bewegungsfaktoren *Schwerkraft, Raum, Zeit und Fluß.* Die neue Art der Tanzschulung fördert bewußtes und präzises Wahrnehmen des Bewegungsimpulses in seinen verschiedenen Erscheinungsformen, so daß jede, auch die einfachste Bewegungshandlung mit Einfühlungsvermögen und Freude erlebt werden kann.

2 Vgl. R. Laban und F. C. Lawrence, *Effort,* Macdonald & Evans, Plymouth (England), 2. Aufl. 1974

Viele Schüler des Autors gründen ihren Tanzunterricht auf die Kenntnis der Qualitäten des menschlichen Bewegungsantriebs, wie sie besonders der Mensch bei seiner Arbeit verwendet. Als Lehrer oder Schüler haben sie eine bedeutende Rolle in der Entwicklung dieser modernen Bewegungskunst gespielt.

An dieser Stelle scheint es angebracht, einige grundlegende Begriffe der Bewegungskunst zu klären, die mehr als Tanz in engerem Sinne umfaßt. Bewegungskunst findet sich auf der Bühne in Ballett, Pantomime, Schauspiel und in jeder anderen Art von Aufführung, auch in Filmen. Alle Formen geselligen Tanzens, wie Volks- oder Gesellschaftstanz usw., gehören ebenso zur Bewegungskunst wie eine große Anzahl von Gesellschaftsspielen, Maskeraden und anderen geselligen Spielformen und Vergnügungen. Die Bewegungskunst ist Bestandteil aller Zeremonien und Rituale und unentbehrliches Rüstzeug für den Redner bei Versammlungen und ähnlichen öffentlichen Anlässen. Unser Verhalten im Alltag wird von gewissen Aspekten der Bewegungskunst bestimmt, und das gleiche gilt auch für das Verhalten und die meisten Aktivitäten von Kindern in der Schule: viele sportliche Spiele setzen voraus, daß man die dafür nötigen Bewegungen kennt und beherrscht, also über eine Bewegungstechnik verfügt. Diese Technik gehört ebenso zur Bewegungskunst wie jene, die in der Industrie beim Verrichten schwieriger Arbeitsvorgänge eingesetzt wird.

Die Bewegungstechnik hat mehrere Aspekte, von denen einer im Tanzunterricht kultiviert wird. Ziel traditioneller Tanztechnik ist das Beherrschen von Einzelbewegungen, die ein bestimmter Stil erfordert. Das gilt nicht allein für den Bühnentanz; neben dem Ballett mit seinen für die Bühne geschaffenen Tanzwerken hat auch jede der geselligen Tanzkunstformen wie National-, Volks- und Gesellschaftstanz ihre spezifische Bewegungsart und Technik. Die neue Tanztechnik, deren Ziel ein Beherrschen der Bewegung in all ihren körperlichen und geistigen Aspekten ist, wird im modernen Ausdruckstanz als neue Form des Tanzes auf der Bühne und im Freizeitbereich angewandt.

Der erzieherische Wert dieser neuen Tanztechnik beruht sicher weitgehend auf der Allgemeingültigkeit der Bewegungsformen, die unter dem neuzeitlichen Aspekt dieser Kunst heute studiert und erlernt werden. Der methodische Weg zu solch allgemeingültigen Bewegungsformen muß sich zwangsläufig von dem unterscheiden, der zum Meistern eines bestimmten Bewegungsstils führt, welcher immer nur einen relativ kleinen Ausschnitt aus dem menschlichen Bewegungsausdruck umschließt.

Einer der offensichtlichsten Unterschiede zwischen traditionellen europäischen Tänzen und dem modernen Tanz besteht darin, daß erstere fast durchweg Schrittänze sind, während im modernen Tanz der gesamte Körper vom Bewegungsfluß erfaßt wird. Der Reichtum an Bewegungen im modernen Tanz macht es notwendig, ihn auf eine andere Art meistern zu lernen. Es erweist sich nämlich als völlig unmöglich, wenn man den Fluß der menschlichen Bewegung als Ganzes betrachtet, die zahllosen Varianten von Schritten und Körperhaltungen in der Weise zu erlernen, wie sie für die herkömmlichen Tanzstile mit ihrem beschränkten Bewegungsvokabular angebracht ist. Statt jede Bewegung einzeln zu erlernen, muß im modernen Tanz das Bewegungsprinzip verstanden und in die Praxis übertragen werden. Um dem Material des Tanzes näher zu kommen, muß es in einem neuen Licht gesehen und verstanden werden, nämlich als Bewegung und ihre Elemente. Uns scheint es hauptsächlich das innere Verhalten zu sein, das sich in der neuen Tanztechnik widerspiegelt, wodurch ein Verwenden dieser Technik in der Erziehung wünschenswert wird und Erfolg verspricht. In früheren Zeiten war Tanztechnik allein auf den praktischen Zweck ausgerichtet, einen Tanz richtig ausführen zu können; erst in unseren Tagen sind Teilbereiche der Tanztechnik auch in anderen Bereichen menschlicher Aktivität zur Anwendung gekommen. Die Bedeutung, die einer neuen Form, einem neuen Geist in der Bewegungserziehung von heute zukommt, ist in mehrfacher Hinsicht offenkundig.

Erstens verlangt die große Vielfalt von Verrichtungen in den mehr als 18 000 Berufen der modernen Arbeitswelt, daß man den gemeinsamen Nenner der mit allen Arbeitshandlungen verbundenen technischen Griffe untersucht und beherrschen lernt. Der gemeinsame Nenner ist der Bewegungsfluß. Zum zweiten erfordert das kaum noch überschaubare intellektuelle Wissen, mit dessen Hilfe das moderne Leben erst bewältigt werden kann, ein Gegengewicht, ein Ventil für die spontanen Fähigkeiten des Menschen. Die spontanen Funktionen müssen gepflegt und bewahrt werden. Untersucht man sie näher, dann deutet auch hierbei alles auf den Bewegungsfluß als gemeinsamen Nenner hin. Die neue Tanztechnik ermöglicht ein systematisches Üben der neuen Bewegungsformen, indem auch ihr verstandesmäßiges Beherrschen gefordert wird. In Industrie und Erziehung hat man sich die von den Pionieren des modernen Tanzes entwickelte Bewegungsforschung zunutze gemacht und versucht, die neuen Methoden des Bewegungstrainings in Fabriken und Schulen anzuwenden. Es wäre jedoch anzumerken, daß man dabei nicht das eigentliche Tanzen einsetzte, sondern die in der Bewegungserziehung von Tänzern gebrauchte Technik.

Moderner Ausdruckstanz als Kunstform hat seinen Platz auf der Bühne und in der Laienarbeit. Das Aufführen moderner Tanzkompositionen verlangt sogar in der bescheidenen Form einfacher Laientänze eine Perfektion, die die Inspiration von schöpferischen Künstlern und Interpreten voraussetzt – und diese werden in Schulen und Fabriken nicht immer zur Verfügung stehen.

In der schulischen Tanzerziehung ist das Ziel nicht künstlerische Perfektion oder Gestaltung und Aufführung außergewöhnlicher Tänze, vielmehr die positive Auswirkung, die die kreative Tätigkeit des Tanzes auf die Persönlichkeit des Schülers hat. Man muß daher sehr behutsam an Tanzaufführungen in der Schule herangehen und dabei ganz bestimmte Richtlinien und Verfahrensweisen einhalten, die im einzelnen diskutiert werden müssen. Das wichtigste Hilfsmittel, das dem Pädagogen im modernen Ausdruckstanz geboten wird, ist die umfassende Einsicht in die Prinzipien menschlicher Bewegung.

Die neue Tanztechnik ist für die Erziehung von vielfältigem praktischen Nutzen. Der angeborene Drang der Kinder nach tanzähnlichen Bewegungen ist eine unbewußte Form des Sich-

Ausdrückens und Übens, wodurch sie die Welt des Bewegungsflusses erfahren und ihre spontane Ausdrucksfähigkeit stärken. Die erste Aufgabe der Schule ist, diesen Bewegungsdrang in Bahnen zu lenken und zu kultivieren und älteren Kindern einige der Prinzipien bewußt zu machen, die in der Bewegung herrschen. Eine zweite und nicht minder wichtige Aufgabe der Erziehung ist es, die Spontaneität der Bewegung zu bewahren und sie bis zum Ende der Schulzeit und darüber hinaus ins Erwachsenenalter lebendig zu erhalten. Eine dritte Aufgabe ist die Pflege künstlerischen Ausdrucks durch Bewegung, dem Medium der Urkunst des Menschen. Zwei klarumrissene Ziele sind hierbei zu verfolgen: zum einen sollen mit den Kindern Tänze gestaltet werden, die ihren Fähigkeiten und ihrem Entwicklungsstand entsprechen und damit ihre schöpferische Ausdruckskraft fördern; zum anderen sollen sie mehr und mehr dazu befähigt werden, in der größeren Einheit von Gemeinschaftstänzen mitzuwirken, die der Lehrer produziert. Eine weitere Aufgabe wäre es, durch die Beobachtung des Bewegungsflusses in verschiedenen Aktivitäten den Blick für alles menschliche Tun zu weiten.

Die im Umgang mit der neuen Tanztechnik erworbene Terminologie und innere Einstellung erleichtern es, Schwächen im eigenen und fremden Bewegungsverhalten zu erkennen. Dem Lehrer wird es leichter fallen, Abhilfe für diese Schwächen zu finden, und der Schüler wird den Rat des Lehrers besser verstehen und daher bereitwilliger annehmen.

Wenn man die zentrale Rolle der Bewegung in allen menschlichen Tätigkeiten bedenkt, so sind noch viele Anwendungsmöglichkeiten für die Prinzipien der neuen Tanztechnik vorstellbar und werden sich zweifellos aus der Praxis ergeben.[3] Abschließend sei erwähnt, daß die neue Tanztechnik intellektuelles

3 Anm. d. Ü.: Außer im Tanz sind seitdem auch in anderen Bereichen immer wieder Leute von Labans Ideen angeregt und beeinflußt worden: beispielsweise in der Ausbildung von Schauspielern und Theaterleuten aller Art wie auch von Sportlern und Turnern, in der Arbeit mit älteren Menschen und Behinderten, bei physio- und psychotherapeutischer Behandlung, in der Berufsberatung, beim Testen der Eignung von Bewerbern auf leitende Stellungen, in der Bewegungsforschung und Architektur.

Wissen und kreative Fähigkeiten zu integrieren sucht, ein Ziel, das für jede Erziehung von höchster Bedeutung ist.

Eine Technik, die all diesen Anforderungen gerecht werden soll, macht es notwendig, den neuen Ausblick in Hinsicht auf das Tanzverhalten des Kindes einer genauen Prüfung zu unterziehen. Dies soll im folgenden Kapitel geschehen.

Zweites Kapitel

Tanzen in den verschiedenen Altersstufen

Bevor man sich näher mit einer Systematik der tänzerischen Erziehung in der Schule befaßt, ist es gut, das instinktive Streben des Kindes nach eigener Entfaltung verstehen zu lernen.

Die ersten Anstrengungen eines Babies sind seine Körperbewegungen. Offensichtlich weiß das Baby, wie es seine kleine »Körper-Maschine« in Betrieb setzen kann, eine natürliche Gabe, die allen Lebewesen gemein ist. Was das Kind bei seinem instinktiven und doch emsigen Üben lernt, ist weniger ein richtiges Bewegungsgefühl als die Beherrschung immer komplizierterer Formen von Aktivität.

Die erste Aktivität eines Babies besteht darin, seine Gliedmaßen zu bewegen. Es strampelt, stößt seine Beine von der Körpermitte weg, es schlägt mit den Armen um sich und lockert so die gerundete, zusammengekauerte Körperhaltung der Embryozeit. Das Ziel dieses natürlichen, wenn auch rein instinktiven Tuns ist offenkundig. Obgleich das Ziel dem Baby nicht bewußt ist, so wiederholt es doch wie unter einem Zwang diese Bewegungen immer wieder, bis ihm schließlich die gestreckte Körperhaltung ebenso selbstverständlich ist wie der frühere zusammengerollte Zustand.

Für jemand, der sich eingehend mit Tanz beschäftigt, ist es interessant, die große Ähnlichkeit zwischen diesen ersten Regungen eines Menschleins und den Jahre später versuchten ersten Tanzsprüngen des Kindes zu erkennen. Primitive Tänze von Erwachsenen, wie man sie noch heute bei Eingeborenen anderer Kontinente erleben kann, zeigen das gleiche elementare

Bewegungsprinzip: das Stoßen der Beine und Schlagen der Arme. Der Unterschied zwischen den ersten Bewegungen des Babies und den tänzerischen Bewegungen eines Kindes im Laufalter liegt darin, daß das Baby eine Funktion seines Muskel- und Nervenapparates übt, das tanzende Kind und auch der erwachsene Primitive hingegen die Schwerkraft zu überwinden suchen, um sich für kurze Augenblicke losgelöst vom Boden in der Luft zu halten. In anderen Fällen mag man aber auch den gegenteiligen Eindruck gewinnen, nämlich daß sich ein Tänzer in die Luft wirft, um das Niederfallen oder Aufstampfen intensiver erleben zu können.

Diese eigentümliche frühe Aktivität des Menschen ist jedoch nur Vorbereitung oder erst die unterste Stufe eines höchst komplizierten Systems von Aktivitäten. Als solche kann man sie näher untersuchen und die darin enthaltenen Aktionselemente aufzeigen.

Beobachten wir ein Baby in seinen ersten Lebensmonaten, dann sehen wir, daß seine Bewegungen beidseitig sind, daß es z.B. also mit beiden Beinen strampelt. Erst später lernt das Baby auch eine Körperseite allein zu bewegen. Es überwindet das Eigengewicht seiner Gliedmaßen, indem es relativ viel Muskelkraft einsetzt. Die Strampelbewegungen sind direkt, sie gehen jeweils nur in eine Richtung. Sie sind relativ schnell und werden in ziemlich regelmäßigen Abständen rhythmisch wiederholt. Meist erfolgt eine Reihe solcher Stöße; einzeln treten sie sehr selten auf. In der Terminologie der Bewegungsantriebslehre nennt man diese Aktionen *Stoßen* oder *Stechen.* Die Armbewegungen sind flexibler, aber ebenso kräftig und schnell. In ihnen ist die Aktion des *Peitschens* oder Umsichhauens zu erkennen. Flexible oder indirekte Bewegungen des ganzen Körpers, ein Sich-Winden oder Verdrehen, ausgeführt mit unterschiedlicher Geschwindigkeit, tauchen nur als Zeichen des Unbehagens auf oder erscheinen in den Gesichtsmuskeln, wenn das Kleinkind schreit. Andere Anzeichen dafür, daß innere Antriebe zur äußeren Bewegungsentfaltung drängen, finden sich in seinem Bemühen, Laute zu produzieren, die – abgesehen vom langgezogenen Jammern bei Unbehagen – auch relativ kräftig und kurz sind.

Das Überwiegen kräftiger, kurzer und direkter Aktionselemente zeigt das Entwicklungsziel deutlich an: fehlende Elemente müssen erworben werden. Dies wird durch Eindrücke von außen gefördert. Obwohl das Baby in diesem frühen Alter noch keine gesehenen Bewegungen nachahmt, so reagiert es doch ohne weiteres mit seinem Strampeln und später auch mit Greifen nach einem sich bewegenden Gegenstand auf Anreize von außen, Dazu kommt es natürlich erst, wenn die enge Welt, mit der sich das Baby anfangs ausschließlich befaßt hatte, durch das Bewegen seines Körpers weiter geworden ist und es auch die bislang leicht verschwommene Umgebung deutlicher wahrzunehmen beginnt,

Auf die Nahrungsquelle – sei es Mutterbrust oder Flasche – gerichtete Aktionen des Zugreifens und Ansichziehens tauchen relativ früh auf und sind noch recht hastig und kräftig. Ein langsames, zögerndes Ausstrecken nach Dingen erscheint erst in den beschaulichen Momenten, wenn dem Menschlein die Wunder seiner kleinen Welt mehr bewußt werden. In den ersten Fortbewegungsversuchen macht es alle möglichen flexiblen und langsamen Dehnbewegungen. Zu dieser Zeit weisen die Bewegungen auch schon einen gewissen Fluß auf; es lassen sich zuerst gebundene, dann auch fließende Bewegungen erkennen. Dies zeigt, daß das Baby offensichtlich anfängt, eine Kontrolle über die Kombination der Energiequalitäten seiner Bewegungen zu gewinnen und sie ordnen zu können.

Diese Kontrolle ist natürlich noch weit entfernt von jener willentlichen Steuerung, die wir Erwachsenen unter diesem Begriff verstehen. Die Kontrolle ist nicht einmal zweckgerichtet in dem Sinn, daß durch eine Reihe von Aktionen ein gewünschtes Ergebnis herbeigeführt werden soll. Häufig haben die Bewegungen kein Ziel und werden ohne ersichtlichen Grund plötzlich abgebrochen. Aber zweifellos werden die Bewegungen des Kindes von einem bestimmten Alter an immer kontrollierter, bis sie später weitgehend bewußt kontrolliert oder zumindest kontrollierbar werden.

Eine weitere Eigenart der kindlichen Bewegung soll noch erwähnt werden. In den frühen Lebensabschnitten sind an jeder

Bewegung eine Vielzahl von Gelenken beteiligt, so daß kein körperliches Rühren sich auf ein Gelenk allein beschränkt. Die Bewegung erfaßt den ganzen Körper, den ganzen kleinen Menschen. Dies zeigt sich anschaulich in der Verbindung von Strampeln und Geräuscherzeugung, eine Verbindung, die als Tanz und Gesang in der ursprünglichen, primitiven Folklore eine Parallele haben mag.

Es liegt auf der Hand, daß bei Bewegungen eines einzelnen Gelenks die übrigen Bewegungsimpulse des Körpers unterdrückt werden. Diese Unterdrückung wirkt hemmend und wird vom Kind mit Unlust erlebt, vorausgesetzt sein Bewegungsdrang ist so intensiv wie bei jedem normalen Kind. Das natürliche Ventil für diese innere Spannung ist das Tanzen, und hier liegt offenbar eine der Ursachen dafür, daß der Drang zu tanzen bei Kindern gerade in einem Alter wach wird, in dem der kontrollierte Gebrauch einer beschränkten Anzahl von Gelenken zur Gewohnheit geworden ist.

Wenn das Kind stehen und laufen kann, bemerken wir, daß sich seine Vorliebe für bestimmte Bewegungen verändert. Immer noch wiederholt es rhythmisch Aktionen, aus reiner Freude an der Bewegung und ohne ersichtlichen Anlaß. Dies läßt sich beobachten, wenn das Kind ausdauernd herumhopst und manchmal im Takt dazu mit den Armen in die Luft schlägt; das Kind freut sich am rhythmischen Lärm, der dabei entsteht. Hier kommt der spontane Tanztrieb zum Vorschein. Aber das Tanzen ist eine besondere Form der Bewegung, und andere, mehr zweckgerichtete Aktivitäten rücken in den Vordergrund. Die verschiedenen auf dieser Entwicklungsstufe zu beobachtenden Aktivitäten des Kindes, z.B. wenn es das Tun der Erwachsenen nachahmt oder seinen Impulsen folgend den Dingen auf den Grund geht, um mehr von all den Wundern seiner Umgebung zu erfahren und zu wissen, führen immer zum gleichen Ergebnis – Bewegung – und haben einen gemeinsamen Ursprung – Bewegungsantrieb.

Wenn man bedenkt, daß diesen frühen kindlichen Aktivitäten jeder reale, praktische Zweck, jede Nützlichkeit fehlt, so kann man den einzigen Sinn wohl darin sehen, daß das Kind instinktiv danach drängt, seine Antriebskräfte zu entwickeln. Die wachsende Vielfalt dieser Kräfte, ihre zunehmende Intensität und Verfeinerung sind Ausdruck der im Menschen lebendigen Energie. *Bewegungsantrieb* ist der gemeinsame Nenner für alle die Bestrebungen von Körper und Geist, die sich in der kindlichen Aktivität offenbaren. Vereinzelte Energiequalitäten entwickeln sich auf natürliche Weise im Spielen und werden später durch die Disziplin des Tanzens verfeinert. Tanz ist eine Aktivität, in der das spontane Wachsen und Entfalten dieser Qualitäten bis ins Erwachsenenalter hinein, ja bei entsprechender Pflege auch das ganze Leben hindurch bewahrt werden kann.

Da dies in unserer Zivilisation nur allzu selten geschieht, ist es verständlich, warum bei Jugendlichen und Erwachsenen das Bedürfnis zu tanzen proportional in dem Maß abnimmt, in dem sie älter werden. Sie werden einfach überfordert von ihren alltäglichen Pflichten und dem vielfachen Einsatz von einzelnen, isolierten Energiequalitäten, die für ihre Aktivitäten notwendig sind. Dem Erwachsenen wird es schließlich genauso unmöglich, eine größere Anzahl von Gelenken zu koordinieren, wie es dem Kleinkind unmöglich war, die Gelenke isoliert zu gebrauchen.

Es ist aber nicht allein das Zusammenspiel einer Anzahl von Gelenken, wodurch tänzerische Bewegungen Freude machen und der Gesundheit gut tun, sondern auch der wohldosierte Gebrauch einer Anzahl verschiedener Qualitäten des Bewegungsimpulses. Betrachten wir das einfache Beispiel des rhythmischen Hopsens des Kindes, so werden wir leicht erkennen, daß im Bewegungsausdruck des Hüpfers möglicherweise Aktionen wie *Drücken, Stoßen, Flattern, Schweben* enthalten sind. Diese müssen sorgsam miteinander ausbalanciert werden, und ihre Ausgewogenheit muß während der ganzen Reihe von Wiederholungen aufrechterhalten werden.

Wir haben also festgestellt, daß Tanzen die Unlustgefühle auflöst, die entstehen, wenn bei Aktionen mit isolierten Gelenkbewegungen die Bewegung des ganzen Körpers unterdrückt wird. Wir fanden hierin eine der Ursachen für das Bedürfnis zu tanzen. Ein anderer, nicht weniger gewichtige Grund liegt darin, daß diese im Tanz freigesetzten Bewegungen des ganzen Körpers aus einer mehrfach wiederholten Reihe simultaner Energiequalitäten besteht, die sorgsam miteinander ausbalanciert sind; diese Ausgewogenheit verschafft einen ähnlichen ästhetischen Genug wie die Farbkomposition eines Bildes oder Klangharmonien in der Musik.

Das Kind entwickelt sich mehr und mehr zu einem Individuum mit charakteristischen Merkmalen, ausgeprägten Vorlieben und Abneigungen. In jungen Jahren lernt es nachzuahmen und, wichtiger noch, sich von den Vorstellungen der Großen beeinflussen zu lassen. Indem es von den Erwachsenen – oft unter Zwang – die Idealvorstellung einer relativ geringen Mobilität, das »Sich-ruhig-Verhalten« übernimmt, verliert es die spontane Lust zu tanzen und damit die Möglichkeit, einen Ausgleich für die immer stärker werdende Gewohnheit zu finden, nur isolierte Bewegungsimpulse zu entfalten. Es verliert den Sinn dafür, die Ausgewogenheit von Energiequalitäten mit Genuß zu erleben, und manchmal verliert sich auch spurlos jede künstlerische Neigung, die das Kind zuvor vielleicht gezeigt hat.

Eltern und Erzieher, die diesen Mangel selbst erkannt haben und nach Ursachen für die daraus resultierenden Frustrationen suchen, sollten die Ergebnisse der modernen Tanzforschung berücksichtigten. Sie kämen dann vielleicht zu dem Schluß, daß Tanzunterricht in der Schule und das Tanzen im allgemeinen ein gutes Mittel sind, um diese Frustrationen abzubauen. Dann werden sie auch zweifellos zugestehen, daß das Studium des frühkindlichen Verhaltens eine brauchbare Grundlage für die richtige Art von tänzerischer Schulung sein kann. Die zu diesem Zweck angestellten Beobachtungen sollten natürlich auch über die frühen Entwicklungsstufen hinaus fortgesetzt werden.

Wenn sich ein Kind, meist aus Unrast oder Langeweile, mit Genuß ständig wiederholten tanzähnlichen Bewegungen hingibt, glauben manche Leute, man müsse es mit irgendetwas »Nützlichem« beschäftigen, um das scheinbar sinnlose rhythmische Umherhopsen zu unterbinden. Das Ergebnis ist, daß das Kind immer mehr isolierte Bewegungen ausführt, welche nie durch ein völliges »Eintauchen« in den Bewegungsfluß kompensiert werden. Ein solches Eintauchen hat wie erfrischendes

Schwimmen zweierlei Bedeutung: es reinigt und macht Freude.

Der Tanzunterricht in der Schule muß für dies erfrischende »Schwimmen« Gelegenheit bieten, weil es mindestens ebenso wichtig ist wie richtiges Schwimmen. Ebensowenig wie der Lehrer beim Schwimmunterricht das Kind nicht einfach ins Wasser wirft, sondern versuchen wird, ihm eine geeignete Technik beizubringen, so wird der Tanzlehrer nach einem Vorgehen suchen, das dem natürlichen Drang des Kindes entgegenkommt und die dem Kind innewohnenden Möglichkeiten erweitert.

Beim Auswählen der ersten tänzerischen Übungen für die Kleinen können wir am besten auf solche Bewegungen zurückgreifen, wie sie das Baby ganz instinktiv macht, wenn es sich zu bewegen beginnt. Zuerst ahmt das Kind nicht nach, sondern reagiert auf einen Stimulus. Daher sollte der Lehrer die Kinder anfangs nicht gleich zum Nachahmen auffordern, sondern sie durch Anregungen und Vorschläge leiten. Man sollte sie ermutigen, ihren eigenen Ideen und Bewegungsimpulsen zu folgen, ohne sie durch Korrekturen an die Bewegungsnormen der Erwachsenen angleichen zu wollen. Diese Normen sind durch gesellschaftliche Konventionen geprägt und deshalb unnatürlich. Korrektur und formelle Anleitung kommen später, wenn das Kind seine Persönlichkeit ohne Einengung oder Hemmungen frei entwickelt hat und die volle Bedeutung dessen erfassen und einschätzen kann, was man von ihm verlangt.

In dieser frühen Phase ist die Wiederholung ein wertvolles und natürliches Hilfsmittel. Die Bewegungen sollten den ganzen Körper einbeziehen oder jeweils beide Arme oder Beine gemeinsam. Der Lehrer sollte noch keine Genauigkeit oder Konzentration auf einen Teilaspekt der Tanzübungen, wie z.B. die Fußarbeit, verlangen; auch sollte er nicht auf Gruppenformationen wie Kreis oder Linie bestehen, da das Kind für solche Beschränkungen seiner Individualität noch nicht bereit ist. Dem Kind sollte soviel Gelegenheit wie möglich gegeben werden, seinen eigenen Ausdruck durch selbstgewählte Energiequalitäten zu entwickeln. Tanzbewegungen sollten von kräftigen, direkten, schnellen Qualitäten abgeleitet werden, feine, langandauernde Bewegungen entwickeln sich später von alleine.

Wenn das Kind heranwächst und sich besser ausdrücken kann, zeigen sich Bewegungen, die für seine spätere Persönlichkeit charakteristisch sind. In der weiteren Entwicklung des Kindes taucht nun auch der Nachahmungstrieb auf, so daß der Lehrer dem Kind jetzt Gelegenheit geben kann, andere zu beobachten und das Gesehene dann selbst auszuführen. Dies schärft den Sinn für Bewegungsbeobachtung und entwickelt zugleich in wachsendem Maß ein Bewußtsein für Aktionen. Zu Beginn der tänzerischen Schulung besteht immer die Gefahr, daß die Spontaneität des Kindes durch ein Übermaß an Korrekturen erstickt wird und sich Befangenheit einschleicht, wenn man ihm die Bewegungsvorstellungen der Erwachsenen aufzwingen will. Auf dieser Stufe ist es wertvoll, den Fluß der kindlichen Aktionen durch Bewegungssequenzen zu entwickeln, sie kontinuierlich und länger zu machen und so allmählich den Weg für Antriebsaktionen zu bereiten, die das Element »langsam, getragen« enthalten. Im großen und ganzen beschränken sich die bevorzugten Aktionen natürlicherweise immer noch auf Stoßen, Klopfen, Peitschen, sollten aber jetzt auch Schieben und Ziehen einschließen. Die Kinder können ihre eigenen Sequenzen erfinden und dadurch allmählich den Unterschied zwischen starken und schwachen Spannungen sowie plötzlichen und langsamen Bewegungen einschätzen lernen.

Sie können wohl jeweils einen Körperteil allein einsetzen, aber zu viele isolierte Bewegungen schaden ihnen unbedingt, denn immer noch ist es für das Kind wichtiger, seinen ganzen Körper als Ausdrucksmittel zu gebrauchen, als sich nur mit den technischen Möglichkeiten eines einzelnen Teils zu befassen. Der Lehrer sollte auf ein glückliches Zusammenspiel von Geist und Körper hinarbeiten, die sich nebeneinander in gleichem Maß entfalten können, ohne dabei das eine einzuengen oder zuviel Gewicht auf das andere zu legen.

Der Lehrer kann beobachten, wie das Kind mit den Bewegungsfaktoren *Zeit, Schwerkraft, Raum* und Fluß umgeht. Zuerst ist das Kind hauptsächlich an Geschwindigkeit interessiert und freut sich an schnellen Aktionen, allmählich lernt es auch, sich in gemessenerer Weise zu bewegen. Dann erfährt das Kind den Widerstand gegen die Schwerkraft; anfangs sind seine Bewegungen kräftig, dann entwickelt es feinere Kraftspannungsnuancen. Das Kind nimmt noch nicht den überall ihn umgebenden Raum wahr, da es vorwiegend geradlinige Bewegungen ausführt. Der Lehrer kann dem Kind nach und nach begreiflich machen, daß zwischen Bewegungen und der räumlichen Umgebung eine Beziehung besteht. Bereitwillig reagiert das Kind auf Vorschläge wie »Versuch die Decke zu berühren«, »Lauf zu dieser oder jener Wand« oder »Streck dich aus soweit du kannst«. Das Kind sollte erst gelernt haben, Raum phantasievoll zu nutzen, ehe es mit regelrechten Bodenwegen oder Bewegungen mit vorgegebener Richtung vertraut gemacht wird.

Das Kind kann lernen, was eng und weit ist und zu welchen verschiedenen Plätzen um seinen Körper herum es sich bewegen kann. In der tänzerischen Schulung geht es von Anfang an hauptsächlich darum, das Kind zu lehren zu leben, sich zu bewegen und in den verschiedenen Medien auszudrücken, die sein Leben bestimmen. Das wichtigste Medium von allen ist für das Kind der eigene Bewegungsfluß. Er entwickelt sich langsam und in vielen Fällen überhaupt nicht. Hat ein Kind »Fluß«, dann befindet es sich in völliger Harmonie mit allen Bewegungsfaktoren und kann sich geistig, seelisch und körperlich mühelos im Leben zurechtfinden. Dies wird aber nicht der Fall sein, wenn sich der natürliche Fluß des Kindes nicht entwickelt hat.

Beim Grundschulkind muß man seinem Entwicklungsstand gemäß etwas anders vorgehen. Hier sollen die Grundbegriffe einer mehr systematischen tänzerischen Erziehung als Vorbereitung auf die kreativeren und komplexen Tanzformen gelehrt werden, die in einem etwas späteren Alter von Wert sind. Das Kind lernt, indem es Grundelemente der Bewegung identifiziert und mit einfachen Worten benennt; die tänzerische Schulung besteht nun mehr und mehr aus wirklichen Tanzübungen. Das Kind ist an praktischen Dingen interessiert, wie Bewegungsbeobachtung mit Tests – z. B. exakte Wiederholung einer Bewegung, die ein anderes Kind vorgemacht hat – oder dem Zusammenstellen einer Bewegungssequenz. Verschiedene

Hilfsmittel können dabei eingesetzt werden, z.B. aus Pappe geschnittene Formen, die als Richtungszeichen auf dem Boden ausgelegt und in Körperbewegungen umgesetzt werden.

Auf dieser Stufe sollte der Lehrer die ganze Skala von Antriebsqualitäten einbeziehen und diese um so komplexer machen, je weiter sich das Kind entwickelt. Oft kann das Kind kleine Unausgewogenheiten in seinem Bewegungsantrieb selbst ausgleichen, wenn man ihm die nötige Freiheit läßt, aber der Lehrer kann eine Menge tun, um ihm bei der harmonischen Entwicklung all seiner Fähigkeiten zu helfen. Werden die Lernanforderungen in der Schule größer, ist die tänzerische Übung besonders wichtig, damit die wachsende Zahl der intellektuellen Leistungen durch Aktionsleistungen ausgeglichen werden können und das Kind sich als Ganzes entwickelt – körperlich, geistig und seelisch. Gründliche Schulung der Bewegungsimpulse läßt sich nur durch Tanzen erreichen, da die Fächer Turnen, Sportspiele, Drama und Kunst mehr mit dem Ergebnis einer Aktion als mit dem Aktionsprozeß selbst befaßt sind.

Die tänzerische Erziehung für Kinder ab etwa 12 Jahren ist mehr darauf ausgerichtet, den Kindern die Bewegung auch geistig und intellektuell zu erschließen. Hier läßt sich das äußere Bewegungsgeschehen weniger gut beschreiben, denn häufiger stehen jetzt die Antriebs-Stimmungen im Mittelpunkt. Unterschiedliche Kombinationen von Antriebsqualitäten erzeugen im Tänzer unterschiedliche Stimmungen entsprechend den Stimmungen, die durch Kombinationen von Farben in all ihren feinen Abstufungen hervorgerufen werden.

Das Kind kann, wie jeder Erwachsene, zweierlei Einstellungen zu den verschiedenen Bewegungsfaktoren haben: es kann gegen sie ankämpfen – d.h. eine Kraft transitiver Art aktivieren, die vorwiegend eine objektive Funktion hervorbringt – oder sie erfühlen – d.h. in einen Zustand intransitiver Art kommen, in dem es sich vorwiegend einem subjektiven Bewegungsempfinden überläßt. Es kann lernen, die Stimmung einer getragenen oder plötzlichen, einer festen oder zarten, einer flexiblen oder direkten Bewegung zu erfassen. Im Alter von 12 Jahren sollten die elementaren Antriebsaktionen schon so zur Gewohnheit geworden sein, daß nun feinere Stimmungsnuancen klarer erkannt werden können.

Ältere Kinder haben den Wunsch nach abgeschlossenen Tänzen und brauchen das Gefühl, auf etwas Bestimmtes hinzuarbeiten, während bei jüngeren Kindern vor allem das Bedürfnis nach Bewegungsspielen besteht, in denen ihre Bewegungsantriebe geübt werden.

Drittes Kapitel

Sechzehn Grund-Bewegungsthemen

Unser Jahrhundert hat im Bereich von Erziehung und Freizeit wie auch im Theater neue Tanzformen hervorgebracht, deren deutliche Tendenz es ist, Schritte und Gesten von den Fesseln eines zu stark einengenden Bewegungsstils zu befreien.

Der Tanz, ein Gegengewicht zum unablässigen Verfolgen praktischer Ziele, hat mit den alltäglichen Arbeitsverrichtungen den Gebrauch körperlicher Bewegung gemein. Tatsächlich wird er sogar durch die Bewegungsgewohnheiten und -vorschriften der jeweiligen Epoche beeinflußt. Deshalb muß man, wenn man sich mit den heutigen Formen des Bewegungsausdrucks auseinandersetzt, auch alle Erscheinungsformen und Rhythmen einbeziehen, die der großen Vielfalt von Bewegungen entsprechen, welche unsere industrielle Zivilisation hervorgebracht hat.

Während die alltäglichen Bewegungen darauf ausgerichtet sind, die mit den praktischen Erfordernissen des Daseins verbundenen Aufgaben zu erfüllen, treten praktische Ziele bei Tanz und Spiel in den Hintergrund. Im ersten Falle lenkt der Geist die Bewegung, im zweiten ruft die Bewegung geistige Aktivität hervor.

Die moderne Tanzschulung muß auf dem Wissen aufbauen, daß die Bewegung einen ausgesprochen großen Einfluß auf die Aktivität des Geistes ausübt. Man hat die Auswirkung der Bewegung auf den Geist untersucht und herausgefunden, daß jede körperliche Bewegung aus Elementen besteht, die Aktionen bilden. In diesen spiegeln sich die bestimmten Eigenschaften des inneren Bewegungsantriebs wider, dem sie entspringen. Der Zuschauer hat ein sehr sensibles Empfinden für die Kombination von Bewegungselementen, ohne sie bewußt zu erkennen. Der Tänzer aber muß wissen, nach welchen Regeln sich die verschiedenen Qualitäten des Bewegungsantriebs koordinieren lassen.

Tanz als eine Bewegungskomposition kann mit der Sprache verglichen werden. Wie Wörter sich aus Buchstaben aufbauen und Sätze aus Wörtern, so bauen sich einzelne Bewegungen aus Elementen und Tanzphrasen aus Bewegungen auf. Diese Bewegungssprache stimuliert je nach Inhalt die Aktivität des Geistes in ähnlicher, vielleicht komplexerer Weise als das gesprochene Wort. In einer freien Tanztechnik, also in einer Technik ohne vorgefaßten oder vorgeschriebenen Stil, wird das gesamte Spektrum der Bewegungselemente erprobt und geübt. Aus dem spontanen Kombinieren dieser Elemente erwächst eine fast unbegrenzte Vielfalt an Schritten und Gesten, die dem Tänzer zur Verfügung stehen.

Bewegungen im Tanz sind im Grunde die gleichen, die auch in alltäglichen Tätigkeiten verwendet werden. Die tänzerische Übung soll den Schüler dazu befähigen, geschickt und sicher jeden willkürlichen oder unwillkürlichen Bewegungsimpuls umzusetzen.

Woher stammt der Bewegungsimpuls? Der Impuls, der unseren Nerven und Muskeln gegeben wird, welche die Gelenke unserer Gliedmaßen bewegen, entspringt inneren Antrieben.

Es ist die Aufgabe des Lehrers, die Bewegungsimpulse des Schülers durch Übungen zu stimulieren. Er muß die systematische Anordnung der verschiedenen Aktionsarten studieren, die sich aus den unterschiedlichen Qualitäten des inneren Bewegungsantriebs ergeben; so wird dessen Kontrolle möglich. Wenn der Lehrer weiß, wie Antriebsaktionen zu koordinieren sind, wenn er auch die natürlichen Harmonien der Raumwege einer Bewegung kennt und zudem im Zusammenspiel von beidem geübt ist, dann ist er in der Lage, Bewegungsthemen zu gestalten, die für Laien- und Schultanz verwendet werden können.

Wohin führt der Bewegungsimpuls? In den Raum. Daher ist es notwendig, die Bewegung im umgebenden Raum zu meistern. Eines der übungsziele ist deshalb, daß der sich Bewegende jeden Punkt der den Körper umgebenden »Raumsphäre« erreichen lernt. Man kann ihm jene Bereiche im Raum bewußt machen, die von bestimmten Körperteilen aufgrund der anatomischen Struktur des Körpers leichter zu erreichen sind als von anderen. Dies Bewußtsein muß durch praktische Bewegungserfahrung erworben werden. Auf diese Weise kann man lernen, die Hauptzonen der oberen oder unteren Extremitäten und die der rechten oder linken Körperseite zu unterscheiden.

Solche Zonen können miteinander durch Gesten verbunden werden, die dadurch Wege im Raum beschreiben. Diese Wege haben nicht nur eine charakteristische sichtbare Form, sondern sie verlangen auch vom Ausführenden ein sensibles Ausgleichen der Körperspannung, die aus der Beziehung zwischen sich verändernder Neigung des Raumweges und dem Halten des Gleichgewichts resultiert. In den Entfaltungen der verschiedenen Formen im Raum liegt eine logische, in Skalen darstellbare Ordnung. Skalen sind eingeteilte Reihen von Bewegungen, die in einer bestimmten Abfolge von ausgleichenden Spannungen durch den Raum führen, und zwar nach einem Schema, das auf den Beziehungen der Raumneigungen zueinander aufgebaut ist. Der Tanzschüler muß sich mit den Harmoniegesetzen der Bewegung im Raum vertraut machen.

Der moderne Ausdruckstanz basiert auf dem breiten Spektrum von Alltagsbewegungen des heutigen Menschen, und es hat viele Jahre gebraucht, um die beste methodische Grundlage zu entwickeln, die dem Lehrer zur Gestaltung seines Unterrichts an die Hand gegeben werden kann. Anstelle eines »Exercise«, einer Zusammenstellung genormter Übungen, haben sich Grund-Bewegungsthemen mit ihren Kombinationen und Variationen als das beste Hilfsmittel für den Lehrer der modernen Tanzform erwiesen.

Zugrunde liegt der Gedanke, daß jeder Lehrer seinen eigenen Weg wählen soll, um seine Schüler zum Bewegen und später zum Tanzen anzuregen, indem er aus der Zusammenstellung von Grund-Bewegungsthemen solche Varianten aussucht, die dem tatsächlichen Leistungs- und Entwicklungsstand eines

Schülers oder der Schülermehrheit einer Klasse angemessen sind. Die Themensammlung ist vom Einfachen zum Komplexen aufgebaut und entspricht damit ungefähr der Entwicklung des Kindes vorn Kleinkind zum jugendlichen. Jedes dieser Themen verkörpert eine Bewegungsidee, die jeweils einem Stadium in der stetigen Entfaltung des Bewegungsgefühls beim heranwachsenden Kind entspricht und in späteren Entwicklungsabschnitten auch seinem wachsenden Verständnis für die Bewegungsprinzipien angepaßt ist.

Jedes Thema umfaßt zahlreiche Variationsmöglichkeiten. Einige Themen oder ihre Variationen können miteinander kombiniert werden; andere lassen sich durch Abwandlung ihrer Details aneinanderfügen. Es ist nicht notwendig, daß sich der Schüler alle in einem Thema enthaltenen Bewegungsideen angeeignet hat, ehe mit einem anderen Thema begonnen wird. Bewegungsideen können parallel entwickelt werden, und mancher Lehrer findet vielleicht in relativ fortgeschrittenen Themen Einzelheiten, die er auf einer verhältnismäßig frühen Stufe des Tanzunterrichts als Anreiz verwenden kann. Demgegenüber behalten auch die ganz elementaren Bewegungsthemen ihren Wert sogar für Jugendliche. Sie können mit Erfolg in jeder der späteren Stufen eingesetzt werden. Erwachsene führen einfache Spielformen mit dem gleichen Vergnügen aus wie kleine Kinder, wenn die Themen in der rechten Weise und zum rechten Zeitpunkt angeboten werden.

Die sechzehn in diesem Kapitel beschriebenen Grund-Bewegungsthemen lassen sich unterteilen in elementare Themen (1–8), geeignet für Kinder unter 11 Jahren, und in fortgeschrittene Themen (9–16), die auf die Bedürfnisse der Kinder ab 11 Jahren ausgerichtet sind. Praktische Beispiele aus der Tanzgeschichte und Erkenntnisse aus der Bewegungsforschung, welche die Verbindung zwischen Tanzbewegungen und verschiedenen anderen menschlichen Tätigkeiten aufzeigen, können Jugendlichen einen Begriff von Tanz als wichtigem Faktor unseres Lebens vermitteln.

Die Grund-Bewegungsthemen und ihre Variationen können als Material dienen, aus dem man Bewegungsstudien und Tänze von erzieherischem Wert aufbaut. Der gewöhnliche Tanzlehrer wird sich mit dem Aufbauen von längeren zusammenhängenden Bewegungsstudien begnügen, ohne den Ehrgeiz zu haben, als Choreograph eigene Tänze zu gestalten. Dies ist ein künstlerischer Beruf für sich. Kinder hingegen sollten ihre Tänze selbst frei erfinden können, als schöpferische Aktivität, wie sie ganz ähnlich in der modernen Kunsterziehung gepflegt wird.

ELEMENTARE BEWEGUNGSTHEMEN

1. Themen zum Körperbewußtsein

Ein Baby spielt mit seinen Armen, Beinen, Fingern und Zehen. Dem heranwachsenden Kind kann die Möglichkeit bewußtgernacht werden, daß man Schultern, Ellbogen, Handgelenke, Finger, Hüften, Knie, Fersen, Zehen, Kopf, Brust, Rücken oder jeden anderen Teil des Körpers spielerisch zum Bewegen und Tanzen gebrauchen kann.

2. Themen zum Bewußtsein von Schwerkraft und Zeit

Dem heranwachsenden Kind kann bewußtgemacht werden, daß die Bewegung eines beliebigen Körperteils (s. Thema 1) entweder allmählich oder plötzlich wie auch kräftig oder zart sein kann.

3. Themen zum Raumbewußtsein

Dem heranwachsenden Kind kann der Unterschied zwischen engen und weiten Bewegungen bewußtgemacht werden. Außer dem Bewegen eines beliebigen Körperteils in den Raum hinein oder zur Körpermitte hin ist auch die Wahrnehmung der räumlichen Umgebung, in welcher sich der Körper bewegt, des Fußbodens, der Wände und Decke ein gutes Thema, um ein Gefühl für Raum und Hauptraumrichtungen zu entwickeln.

4. Themen zum Bewußtsein des Flusses von Körpergewicht in Raum und Zeit

Die Kontinuität der Bewegung, die auf geradlinigen wie auch bogigen und gewundenen Wegen in unterschiedlichen Geschwindigkeiten und in verschiedenen geklatschten, gesungenen oder getrommelten Rhythmen entwickelt werden kann, führt vom freien Spiel zu Spielformen.

Die Plastizität des Körpers, d.h. seine plastische Figur, läßt sich in verschiedenen Körperstellungen erleben, in denen der Bewegungsfluß angehalten wurde. Ein einfaches Stichwort für kleine Kinder ist: »Macht eine Figur, eine Statue«.

5. Themen zur Anpassung an einen oder mehrere Partner

Die einzelne »Statue« kann ihre Haltung als Antwort auf eine vom Partner dargestellte Statue verändern. Anregungen können gegeben werden, indem man auf den Unterschied zwischen großen, hochaufgerichteten, viel Raum einnehmenden Statuen und solchen mit enger, kleiner, zusammengekauerter Haltung aufmerksam macht. Später können die Haltungen zu kurzen Antwortsequenzen ausgebaut werden. Ein Partner bewegt sich und der andere reagiert darauf usw. Kontraste in Geschwindigkeit – schnell gegen langsam – und Richtung – geradlinig gegen bogig – können hinzugefügt werden. Das Wiederholen kurzer »Antworten« trainiert das Bewegungsgedächtnis des Körpers.

Werden die wechselnden Bewegungen eines Anführers von einer Gruppe nachgemacht, kann dadurch die Bewegungsphantasie des Anführers und die Beobachtungsgabe und Reaktionsfähigkeit der Gruppenmitglieder geweckt werden. Das Zusammengehörigkeitsgefühl der Gruppe wird verstärkt.

6. Themen zum instrumentellen Gebrauch der Gliedmaßen

Die Hände lassen sich wie ein Instrument gebrauchen, als Zange zum Greifen oder Löffel zum Schöpfen, und die Beine dienen vor allem der Fortbewegung – sie sind Instrumente, mit deren Hilfe der Körper von einem Ort zum anderen bewegt werden kann. Die normalen Funktionen der Gliedmaßen sind die greifenden, schöpfenden und streuenden Bewegungen von Händen und Armen und die schreitenden, laufenden, springenden und drehenden Bewegungen der Beine. Sie können mit sammelnden, schaufelnden und streuenden Gesten der Beine abgewechselt werden, wobei das Gewicht auf verschiedenen Teilen des Körpers balanciert wird. So können beim Kriechen, Purzelbaumschlagen, Vierfüßlergang und dergleichen Hände und Arme zum Teil auch zur Fortbewegung benutzt werden.

7. Themen zum Wahrnehmen einzelner Aktionen

Die elementaren Antriebsaktionen[4] wie das von verschiedenen Körperteilen ausgeführte *Drücken, Stoßen* oder *Flattern* lassen sich später in verschiedene Raumrichtungen ausführen. Jede Aktion hat ihre charakteristische Geschwindigkeit. Daher wird die Wiederholung einzelner isolierter Aktionen zum Mittel, das die Fähigkeit entwickelt, einerseits eine Reihe plötzlicher, sich schnell nacheinander entladender Bewegungsimpulse zu erzeugen und andererseits eine Reihe von länger anhaltenden Bewegungen in langsamer Abfolge hervorzubringen.

Das Gefühl für rhythmische Akzente wird durch das Wiederholen von kraftvollen Bewegungen geweckt. Leichte, zarte Aktionen machen Bewegungen bewußt, die mit wenig Kraft, aber ohne völligen Spannungsverlust ausgeführt werden.

8. Themen zu Arbeitsrhythmen

Einfache, ursprüngliche Arbeitsaktionen wecken das Gefühl für die Übergänge zwischen einzelnen Energiequalitäten. So

4 Vgl. S. 49 und S. 75ff.

folgt z.B. auf die Hauptaktion beim Sägen, Hacken, Einholen eines Taus, Hämmern, Schrauben, Bügeln, Mähen mit der Sense, Umgraben oder auch Sticken, Nähen, Zerschneiden von verschiedenem Material, Schlagen von Sahne, Zerkleinern usw. eine Entspannungsphase, ehe die Aktion von neuem wiederholt wird. Eine solche Entspannung ist nicht ein bloßes Nachlassen der Energie; sie enthält eine Gruppe von Bewegungselementen, die vorübergehend diejenigen der Hauptaktion auflösen helfen und dadurch die wirkungsvolle Wiederholung dieser Aktion vorbereiten. Das bewußte Wahrnehmen des Rhythmus von Anstrengung und Erholung wird durch eine Abfolge von einzelnen oder unterschiedlichen Arbeitsaktionen mit passenden Übergängen gefördert.

Obwohl diese Aktionen mit Armen und Händen gemacht werden, muß doch auf die Beteiligung des gesamten Körpers und vor allem auf den Wechsel der Fußstellung – also die Gewichtsverlagerung und daraus resultierende Schritte – besondere Aufmerksamkeit gerichtet werden.

Anmerkung zu den elementaren Themen 1–8

Die ersten acht Grund-Bewegungsthemen eignen sich für Kinder im Grundschulalter. Die Themen stehen untereinander in engem Zusammenhang. In jedem von ihnen können alle Teile des Körpers und alle Kontraste von Energiequalitäten, die sich aus der inneren Einstellung zu den Bewegungsfaktoren *Schwerkraft*, *Raum* und *Zeit* ergeben, verwendet werden.

Tanzspiele mit einer Handlungsschilderung sollten sparsam Verwendung finden. Das Erleben von Bewegungsphantasie und Bewegungsgedächtnis ist Anreiz genug, um Kinder für längere Themenkombinationen bis hin zu Bewegungsstudien zu interessieren und ihnen Freude daran zu vermitteln.

Gegen Ende des Grundschulalters können einfache Formen aus den fortgeschrittenen Themen (9–16) in die elementaren Themen eingearbeitet werden, letztere sollten jedoch für die niedrigeren Altersstufen das Fundament des gesamten Tanzunterrichts bleiben.

9. Themen zur räumlichen Gestaltung der Bewegung

Das Zeichnen von kleinen oder großen Mustern in die Luft kann man am besten damit anregen, daß zuerst Zahlen oder Buchstaben (z.B. die Anfangsbuchstaben der Vornamen) in alle Richtungen der Bewegungssphäre geschrieben werden.[5]

Die Muster sollen immer raumgreifender werden und schließlich die Bewegungssphäre in ihrer größtmöglichen Ausdehnung ausfüllen, und sie sollen so flüssig wie möglich ausgeführt werden. Der Fluß der Bewegungen und die Flexibilität des Körpers werden gesteigert, wenn man sich beim »Schreiben« auch zu den Seiten und nach hinten wendet. Der Unterschied zwischen eckigen und kurvigen Mustern sollte nun kennengelernt werden, z.B. der Unterschied zwischen einem Dreieck und einem Kreis gleicher Größe, beide in derselben Stellung ausgeführt.

10. Themen zu Kombinationen aus den acht elementaren Antriebsaktionen

Themen, die Übergänge zwischen zwei oder mehreren elementaren Antriebsaktionen beinhalten, lassen sich aus Sequenzen ableiten wie:

a) Wringen, Drücken, Gleiten, Schweben, Flattern,
b) Wringen, Schweben, Flattern, Peitschen, Stoßen,
c) Wringen, Peitschen, Flattern, Tupfen, Gleiten.

5 Zum Begriff der Bewegungssphäre vgl. 5, Kap., S. 100

Die acht elementaren Aktionen sind *Wringen, Drücken, Gleiten, Schweben, Flattern, Peitschen, Stoßen, Tupfen.* Jede dieser Aktionen enthält drei der sechs Bewegungselemente: fest, zart, allmählich, plötzlich, direkt, flexibel.[6]

Man wird feststellen, daß durch Auswechseln eines einzigen Elements jede der Aktionen in den obengenannten Sequenzen in die nächste Aktion umgewandelt wird. Die Antriebsaktionen dieser Sequenzen sind primär miteinander verwandt. Es lassen sich viele solcher Sequenzen mit zwei, drei oder mehr elementaren Antriebsaktionen zusammenstellen. Später kann man Sequenzen verwenden, deren Antriebsaktionen sekundär miteinander verwandt sind, d.h. in denen zwei Elemente ausgewechselt sind. Ausgesprochen schwierig und ohne höchste Konzentration nahezu unmöglich ist es, gegensätzliche Antriebsaktionen, d.h. solche, in denen alle drei Elemente ausgewechselt sind, in unmittelbarem Aufeinanderfolgen auszuführen.

Die ganze Reihe der elementaren Antriebsaktionen kann in einer kontinuierlichen Sequenz zusammengefaßt werden, wobei Paare von gegensätzlichen oder verwandten Energiequalitäten miteinander abwechseln können. Ein Beispiel für eine solche Sequenz mit abwechselnd gegensätzlichen und sekundär miteinander verwandten Aktionspaaren ist:

Schweben	kontrastiert mit Stoßen, das sekundär verwandt ist mit Gleiten,
Gleiten	kontrastiert mit Peitschen, das sekundär verwandt ist mit Tupfen,
Tupfen	kontrastiert mit Wringen, das sekundär verwandt ist mit Flattern,
Flattern	kontrastiert mit Drücken, das sekundär verwandt ist mit Schweben

usw.

Die Reihen sollten ohne Unterbrechung wiederholt werden.

6 Vgl. R. Laban und F. C. Lawrence, *Effort* und R. Laban, *Mastery of Movement,* Macdonald & Evans, 4. Aufl. 1980; deutsche Ausgabe: *Kunst der Bewegung,* Wilhelmshaven, 2. Aufl. 1996.

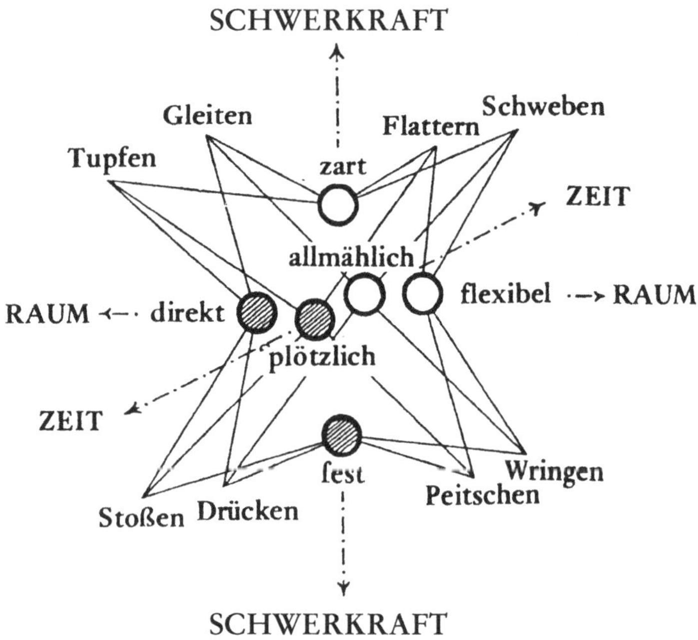

Abb. 1 Die sechs Elemente des Bewegungsantriebs und die acht elementaren Antriebsaktionen. Schraffierte Kreise zeigen die Elemente, die gegen die Bewegungsfaktoren *Schwerkraft, Raum* oder Zeit ankämpfen, weiße Kreise zeigen die Elemente, die sie erspüren. (Vgl. auch 4. Kapitel).

Jede Sequenz von elementaren Antriebsaktionen hat ihren eigenen Rhythmus, der von den in ihr enthaltenen Zeit-Elementen abhängt.

11. Themen zur Orientierung im Raum

Bewegungssequenzen können mit genauer Orientierung im Raum ausgeführt werden, d.h. jede einzelne Bewegung ist auf einen bestimmten Punkt im Körperumraum gerichtet, und der Übergang von einem Punkt zum nächsten ist harmonisch fließend. Dabei werden bestimmte Raummuster geformt.

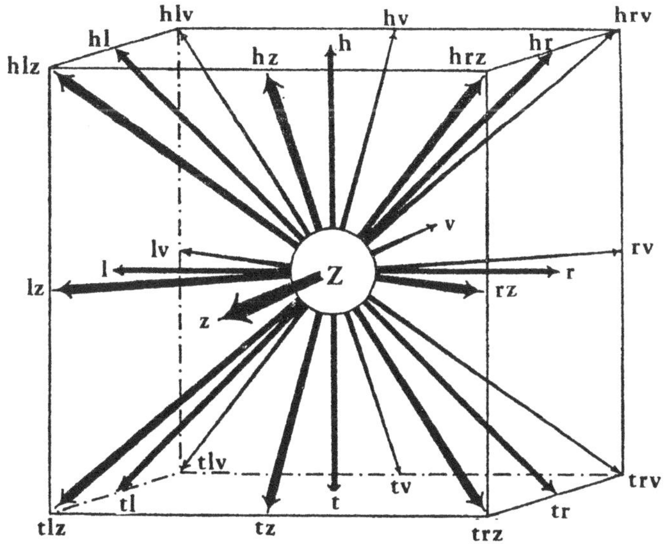

Abb. 2 Orientierung im Raum

h	= hoch	*hr*	= hoch-rechts	*hrv*	= hoch-rechts-vor
t	= tief	*tz*	= tief-zurück	*tlz*	= tief-links-zurück
l	= links	*lv*	= links-vor	*hlv*	= hoch-links-vor
r	= rechts	*tr*	= tief-rechts	*trz*	= tief-rechts-zurück
z	= zurück	*hz*	= hoch-zurück	*hlz*	= hoch-links-zurück
v	= vor	*rv*	= rechts-vor	*trv*	= tief-rechts-vor
		tl	= tief-links	*hrz*	= hoch-rechts-zurück
		hv	= hoch-vor	*tlv*	= tief-links-vor
		rz	= rechts-zurück		
		hl	= hoch-links		
		tv	= tief-vor		
Z	= Zentrum	*lz*	= links-zurück	(Vgl. auch 5. Kapitel)	

Diese Muster können sich entweder hauptsächlich um den Körper herum in der Luft ausbreiten, dann nennt man sie peripher, oder sie führen dicht an der Körpermitte vorbei, dann heißen sie zentral. Am häufigsten setzen sich Muster sowohl aus zentralen als auch peripheren Bewegungen zusammen.

Man wird feststellen, daß einige Muster charakteristische Formen besitzen, die kleinere Kinder mit ihnen vertrauten Dingen assoziieren und die man daher als solche einführen kann.[7] So hat es sich z. B. als nützlich erwiesen, das Muster *tl-hl-hr-tr-tl* zur Gedächtnisstütze »Tür« zu nennen. In gleicher Weise kann man das Muster

lz–lv–rv–rz–lz »Tisch«

oder das Muster

tz–hz–hv–tv–tz »Rad« nennen.

Viele Muster bestehen aus Zickzackformen oder, wenn die Ecken des Weges abgerundet werden, aus Kreisen, Spiralen und anderen bekannten Formen.

Alle Arten von Raumformen oder Mustern müssen mit der Zeit so automatisiert werden, daß das Bewußtsein und der Körper sie als ganze Bewegungsphrase empfinden, nicht als eine Zusammensetzung einzelner Linien. Das Abrunden der Ecken ist ein gutes Mittel, um dies zu erreichen und zu verhindern, daß die Bewegung an den Orientierungspunkten innehält. Bei anderer Gelegenheit und besonders zu Beginn der Arbeit mit den Orientierungsthemen ist ein solches Innehalten instruktiv. Es ist zweckmäßig, im Anschluß an rückwärts führende Bewegungen Frontveränderungen hinzuzunehmen, z. B. alle möglichen Drehungen, Purzelbäume und ähnliches. Hinter dem Rücken liegende Richtungen und Raumformen sollten aber auch ohne Frontveränderung geübt werden. Die Wirbelsäule gewinnt an Biegsamkeit durch das Zurückbeugen und Verdrehen, das für solche Bewegungen notwendig ist.[8]

7 Um den Übergang vom Üben der Raumformen (Thema 9) zur Raumorientierung zu erleichtern, kann man anfangs den eckigen Raumformen auch Namen geben wie Dreieck, Viereck usw., anstatt das Kind gleich mit Punkten und Richtungen zu belasten.

8 Die Themen zur Raumorientierung können wie die freien Raumformen (Thema 9) in kleinem, mittlerem und großem Bewegungsumfang ausgeführt werden. Die sich bewegende Person kann an jedem beliebigen Punkt des Weges von der Mitte zu dem für sie gerade noch erreichbaren Punkt inne-

Geschwindigkeitsveränderungen – Beschleunigen wie auch Verlangsamen – beim Ausführen einer bestimmten Raumform können später dazugenommen werden.

Alle Raumformen und regulären Muster können in zwei Richtungen ausgeführt werden, d.h., die Reihenfolge ihrer Punkte läßt sich umkehren, wenn man am Endpunkt beginnt und den Weg zum Ausgangspunkt zurückverfolgt.

12. Themen zu Raumformen und Energiequalitäten mit Einsatz verschiedener Körperteile

Jede Raumform oder jedes reguläre Muster kann mit jeder beliebigen Energiequalität ausgeführt werden oder kann jede beliebige Sequenz von Antriebsaktionen enthalten. Manche Raumformen oder Muster lassen sich jedoch besser mit gewissen Energiequalitäten oder aus ihnen gebildeten Sequenzen kombinieren als mit anderen. Jede Raumform oder jedes reguläre Muster kann einen oder mehrere Antriebsaktionen enthalten. So läßt sich z.B. das Muster *tl–hl–hr–tr* (oder seine Umkehrung *tr-hr-hl–tl*)[9] mit einer kontinuierlichen Druckbewegung oder mit irgendeiner anderen elementaren Antriebsaktion ausführen-, man kann es aber auch auf einigen Wegstrecken der Raumform mit *Drücken* ausführen und auf anderen Wegstrecken mit anderen Energiequalitäten.

Es ist schwierig, manche Bewegungen in Richtungen auszuführen, welche für die entsprechenden Körperteile ungewohnt sind, so z.B. mit dem Fuß nach hoch-vor zu drücken oder mit den Handflächen hinter dem Rücken nach tief-zurück. Elemen-

halten. Es gibt z.B. viele Punkte *hv*, die auf der Linie *Z–hv* verteilt sind. Für Übungszwecke genügt ein Unterscheiden zwischen engem *hv* (in Schulterhöhe), *hv* in mittlerem Abstand (in Stirnhöhe) und weitem *hv* (so weit hoch-vor wie möglich).
Der Rhythmus, in dem die Bewegungen entlang der Orientierungslinien ausgeführt werden, kann frei gewählt werden, ratsam ist es jedoch, mit regelmäßigen Zeitintervallen zu beginnen und jeder Wegstrecke gleiche Zeitdauer zu geben.

9 Vgl. um den Körper liegende Punkte, Abb. 2, S. 51

tare Antriebsaktionen lassen sich in bestimmten Bereichen um den Körper herum leichter und natürlicher ausführen als in anderen. Man wird sich immer einem Gegenstand zuwenden, auf den man mit der Hand einen Druck ausüben möchte; so gesehen ist also der Bereich der Bewegungssphäre, in den hinein ein Druck am einfachsten auszuüben ist, *v*, mit all seinen Kombinationen *rv*, *hv*, *lv*, *tv* usw. Man wird jedoch feststellen, daß es leichter ist, mit der rechten Handfläche in Richtung *lv* zu drükken als in Richtung *rv* und umgekehrt, wenn man die Bewegung mit der linken Handfläche macht. Ein Druck nach *tv* ist mit jedem der Arme einfacher auszuführen als nach *hv*. Anstelle des Armes kann irgendein anderer Teil des Körpers – z. B. Schulter, Ellbogen, Hüfte oder Knie – gebraucht werden, und der Druck kann in verschiedene Richtungen gehen, wobei er sich je nach Richtung einfacher oder schwieriger ausüben lassen wird.

Wenn manche Antriebsaktionen in bestimmten Richtungen oder auf bestimmten Wegstrecken einer freien Raumform oder eines regulären Musters mit Leichtigkeit ausgeführt werden können, dann wird die Bewegung harmonisch sein. Wenn man aber mit ungeeigneten Energiequalitäten in eine ungünstig gelegene Richtung gelangen will, dann wird der Körper durch groteske Bewegungen in eine verzerrte Stellung gebracht. Andere Energiequalitäten, die von demselben Körperteil für Bewegungen in dieselbe relativ ungünstig gelegene Richtung verwendet werden, sind möglicherweise nicht so unharmonisch. Erfahrungen mit solchen weniger einfachen Kombinationen von Richtungen, Raumformen und Energiequalitäten sollten nicht aus dem Lehrplan ausgeklammert werden, wie es in vielen der herkömmlichen Tanzformen geschieht, die nur eine anmutige und niedliche Körperhaltung anstreben.

Es ist möglich, Raumformen oder reguläre Muster mit jedem beliebigen Teil des Körpers zu beschreiben. Man kann ein ganzes Muster zum Beispiel mit einer Schulter, einem Ellbogen oder Knie in die Luft zeichnen; es könnte aber auch der erste Teil eines Musters mit dem Ellbogen gebildet werden, dann übernimmt vielleicht die Schulter die Führung, und in einem dritten Abschnitt vollendet die Hand mit den Fingerspitzen beginnend das Muster. Die Kombinationsmöglichkeiten sind nahezu unbegrenzt. Wie wir gesehen haben, kann an einer beliebigen Stelle des Musters ein anderer Körperteil anstelle des bisher führenden die Gestaltung der Form übernehmen, und so ist es durchaus möglich, daß die Fingerspitzen das Muster beginnen, ein Knie es weiterführt und ein Schritt folgt.

Im Alltag können wir beobachten, daß fast jeder Teil des Körpers mit einem anderen in der Ausführung der Muster zusammenwirkt, die für unsere Arbeiten erforderlich sind. Dies Zusammenwirken kann sowohl nacheinander als auch gleichzeitig ablaufen. Es können mehr als ein Körperteil zugleich daran beteiligt sein, die Raumform und Entfaltung des Antriebs einer Bewegung entstehen zu lassen.

Steht man auf einem Bein, dann können das Spielbein und die beiden Arme, der Kopf und Rumpf ihre Haltung auf vielerlei Art verändern. Die Varianten hängen davon ab, welche Raumformen, Energiequalitäten und Körperteile in der Aktion miteinander kombiniert sind oder aufeinander folgen.

13. Themen zur Elevation

Von allen Körperbewegungen sieht man Hüpfer, Laufsprünge und das Sich-in-die-Luft-Schnellen als die für Tanz typischsten Aktionen an, weil sie oft den Hauptbestandtell eines ganzen Tanzes ausmachen. Auf das Losgelöstsein vom Boden folgt ein Landen auf einem oder beiden Beinen. Durch diesen Übergang bekommt der Körper wieder den nötigen elastischen Impuls für den nächsten Absprung. Im Alltag springen wir vielleicht über ein Hindernis, aber dies bleibt eine isolierte Aktion. Im Tanz jedoch kann das Losgelöstsein vom Boden als Hauptthema ständig wiederholt werden.

Während beim gewöhnlichen Gehen jeweils nur ein Bein in eine bestimmte Raumrichtung strebt und das andere durch den Fuß mit dem Boden verbunden bleibt, können in den Elevationsthemen Beine und Füße entweder gemeinsam in eine oder getrennt in verschiedene Richtungen streben. Der Grundgedanke dieser Bewegungsthemen ist deshalb die Bewegungsrichtung der Beine in Verbindung mit entsprechenden Energiequalitäten in der unteren Körperhälfte. Die Beinrichtungen sind selten andere als *t, tl, tr, tz, tv, v, z, l, r, lv, rv, lz, rz*. Die hohen Richtungen können versucht oder als Ausnahme in akrobatischen Sprüngen und Kicks geübt werden.

Der Bewegungsantrieb, den man im Augenblick vor dem Absprung in den Beinen spürt, ist kraftvoll und elastisch-stoßend, es können aber eine ganze Reihe von Energiequalitäten eingesetzt werden, die zu schlagenden, peitschenden, schwebenden, tupfenden Aktionen der Beine führen und eigentlich auch zu jeder anderen vorstellbaren Aktion.

Die obere Körperhälfte bewegt sich entweder relativ mühelos in die Sprungrichtung oder sie vollführt eigene Raumlinien oder -formen. Es ist sogar möglich, daß sie während des Fluges in der Luft irgendeine der obengenannten Aktionen mit all ihren Kombinationen von Raumform und Energiequalität ausführt, obwohl kompliziertere Bewegungen natürlich von ziemlich kleinem Umfang und kurzer Dauer sein müssen. Die Flüssigkeit der Bewegung wird durch alle Arten von Drehsprüngen erhöht.

Der Kontrast zwischen im Knien, Sitzen oder Liegen auf dem Boden ausgeführten Bewegungen und solchen, die im Fluge in der Luft gemacht werden, verstärkt die Intensität der Elevation.

14. Themen zum Wecken des Gruppengefühls

Eine größere Anzahl Tänzer kann sich ohne feste Gruppenformation wie ein einziger Körper bewegen. Anfangs wird dies am stärksten empfunden im gemeinsamen Aufstreben und Niedersinken oder im gemeinsamen Vorwärtsstürzen, um einen Gruppenmittelpunkt herumwirbeln und in ähnlichen Abläufen.

Der Kontrast besteht aus den individuellen Bewegungen, die von einer Vielzahl von Tänzern ausgeführt werden. Die einzelnen Tänzer können dieselben Antriebsaktionen benutzen, aber jeder von ihnen bewegt sich dabei in selbstgewählte Richtungen. Unterschiedliche selbstgewählte Bewegungsantriebe, die sich in verschiedene Richtungen oder individuelle Raumformen entfalten, ergeben Gruppierungen, die in einer bestimmten Stellung für kurze Zeit gehalten werden sollten. Das genaue Wiederholen solcher Gruppenimprovisationen stärkt die Bewegungsphantasie und schult das Bewegungsgedächtnis. Gruppen können sich gegenseitig in der Bewegung beobachten, um mehr Gefühl für das Plastische einer Gruppenbewegung zu entwickeln und die Koordination innerhalb einer Gruppe bewußter wahrzunehmen.

Eine Gruppe von Tänzern kann auf die Bewegungen einer anderen Gruppe reagieren. Ein feinfühliges Anpassen an fremde Bewegungen wird gefördert, wenn solche »Aktionen – Reaktionen« wiederholt werden und dabei genau die gleichen Raumproportionen und Abstände untereinander gewahrt bleiben. Dies ist eine ausgezeichnete Vorbereitung für das Tanzen mit Gruppengefühl.

15. Themen zu Gruppenformationen

Die einfachsten Gruppenformationen – Reihe und Kreis – können ihre Gestalt verändern, sich ausdehnen und zusammenziehen. Eine Reihe kann länger oder kürzer werden, wobei der Abstand zwischen den einzelnen Tänzern größer oder kleiner wird. Zuerst sollten alle die gleichen Bewegungen machen, abgesehen von den Schritten, die in Weite und Zahl unterschiedlich sein können, wenn sie das Ausdehnen oder Zusammenziehen der Gruppenformationen herbeiführen. Eine Reihe kann sich zu einem ihrer Endpunkte oder zu einem Bezugspunkt innerhalb der Reihe hin verkürzen. Ebenso kann sie von einem Endpunkt beginnend sich zum anderen hin ausdehnen oder von einem Punkt innerhalb der Reihe zu beiden Endpunkten. Bei einem Kreis kann das Zusammenziehen und Ausdehnen mit Bezug auf die Kreismitte oder einen Punkt im Kreis geschehen.

Die Bewegungen und Rhythmen, die ein Weiter- und Engerwerden bewirken oder begleiten, sind in ihrer Vielfalt nahezu unbeschränkt. Eine Reihe kann gerade oder in einem Bogen verlaufen, sie kann sich zu einem Kreis schließen, ebenso wie sich der Kreis zu einer Reihe öffnen kann. Eckige Bodenwege können als Variation hinzugenommen werden. Jede gewünschte Formation kann aus festgelegten, mit verschiedenen Bewegungsantrieben ausgeführten Schritt- und Bewegungsfolgen hervorgehen. Die Gruppen können sich auf unterschiedlichen Ebenen bewegen, manche im Sitzen, manche im Knien und wieder andere im Stand. Die Gruppierungen können symmetrisch oder asymmetrisch sein. In komplexeren Bewegungsstudien und Tänzen kann die Arbeit mit den Tanzenden als »Masse« und als geformter Gruppe abwechseln.

16. Themen zum Ausdrucks- oder Stimmungsgehalt einer Bewegung

Genauso wie die Buchstaben des Alphabets zu Wörtern zusammengesetzt werden und Wörter sich zu Sätzen fügen lassen, so werden auch die einfachen Elemente der Bewegung zu komplexeren Bewegungen und schließlich zu Tanzphrasen zusammengefügt.

Die Aussage solcher Zusammensetzungen beruht im Gegensatz zu der von Wörtern und Sätzen nicht auf Konventionen. Der Sinn von Bewegungsphrasen kann jedoch als Ausdruck ganz bestimmter Aktionsstimmungen verstanden werden. Es muß klargestellt werden, was Bewegung oder Tanz tatsächlich ausdrücken können. In der modernen Tanzforschung ist dies Problem genau untersucht worden, und man hat herausgefunden, daß es ein Irrtum ist, Tanz nur als Sprache der Emotionen zu begreifen. Er ist eigentlich eher eine Aktions-Sprache, in der die verschiedenen Intentionen und körperlichen und geistigen Antriebskräfte des Menschen in einen Zusammenhang gebracht werden.

Wir können im Tanzen ein geordnetes, in Aktionen resultierendes Zusammenspiel unserer geistigen, emotionalen und körperlichen Kräfte erkennen, Es ist für die Entwicklung der kindlichen Persönlichkeit sehr wichtig, dies zu erfahren. Das Kind übt von Geburt an das Zusammenspiel dieser Kräfte, zuerst unbewußt, später bis zu einem gewissen Grad bewußt. Tanzen kann als Versuch gesehen werden, sich durch praktischen Umgang mit den vielen Kombinationsmöglichkeiten die Regeln anzueignen, nach denen eine flüssige Koordination von Körper und Geist abläuft.

Wenn ein Tänzer eine bestimmte Aktion ausführt, ist er sich dabei nicht immer der Kombination von Bewegungsantrieben und ihrer äußeren Entfaltung bewußt, aus der die Stimmung hervorgeht. Das Gefühl für einfache Aktionsstimmungen wird durch das Wiederholen eines einfachen Bewegungsantriebes gestärkt. Kompliziertere Aktionsstimmungen entstehen aus miteinander verbundenen Sequenzen oder unterschiedlichen Energiequalitäten. Das Wiederholen jeder einzelnen Sequenz stärkt das Gefühl für die darin enthaltene Stimmung.

Es ist eine angenehme Erfahrung, die Ordnung in der Vielfalt von Bewegungen zu erkennen und sich diese Ordnung als Ganzes anzueignen, wenn sie auch anfangs noch nicht immer ganz klar und vollkommen in Erscheinung tritt.

Tänzerische Bewegungen lassen sich am besten als eine Zusammensetzung von einzelnen Bewegungselementen erklären, die in Aktionsstimmungen resultieren. Wenn das Resultat einer Antriebsbewegung als Aktion mit beispielsweise dramatischem Inhalt zu erkennen ist, läßt es sich in Worten ausdrücken. Weniger leicht ist dies in anderen Fällen, weil uns die Begriffe fehlen, um jene komplexen Raumformen und Bewegungsrhythmen in Worte zu fassen, die sich aus einer Reihe nacheinander ausgeführter Antriebsaktionen ergeben. Hier wäre ein Übertragen in die Sprache zu mühevoll, und man bedient sich besser spezieller Fachbegriffe.

Stimmung und Ausdruck einer Bewegung beruhen auf zwei Dingen. Man wird leicht begreifen, daß ein weit hinaufgestreckter Arm und Körper einen ganz anderen Ausdruck hat als ein am Boden zusammengekauerter Körper. Es wäre jedoch falsch, eine bestimmte Stimmung mit einer Stellung des Körpers im Raum gleichzusetzen, da der Tänzer auf ganz unterschiedliche Weise in diese Stellung gelangen kann. Vielleicht erreicht er die hoch hinausgestreckte Stellung einmal mit einer sanften Schwebebewegung und ein anderes Mal mit einem energischen Hinaufstoßen. Ganz offensichtlich ist die Stimmung der Bewegung jedesmal eine andere. Der Bewegungsausdruck hängt deshalb von mehreren Faktoren ab – Stellung im Raum einschließlich Raumform sowie dynamischem Gehalt einschließlich Energiequalität.

Die Stimmung einer langsamen, zögernden Bewegung und demgegenüber die, welche in einer plötzlichen Bewegung zum Ausdruck kommt, kann man sich leicht vorstellen und auch selbst spüren, Worauf man zu Beginn wohl noch nicht achten wird, ist die zusätzliche Nuance, die eine Stimmung durch die Richtung oder Raumform der Bewegung erhält.

Deutliche Stimmungskontraste werden empfunden in den Antriebselementen:

fest	oder	zart
direkt	oder	flexibel
plötzlich	oder	allmählich
gebunden	oder	frei.

Wendet man diese Klassifizierung auf die elementaren Antriebsaktionen an, dann wird man erkennen, daß z. B. *Gleiten* die Stimmungen von Getragenheit, Leichtigkeit und Direktheit in sich vereinigt oder *Stoßen* die Stimmungen von Schnelligkeit, Stärke und Direktheit. Die Stimmungen treten jedoch nicht nur gleichzeitig in Zusammensetzungen wie beispielsweise den elementaren Antriebsaktionen auf; in Bewegungssequenzen folgen sie auch aufeinander und lassen eine Art Melodie entstehen, eine satzähnliche Sequenz, deren Gesamtstimmung ein wichtiger Bestandteil der Bewegungserfahrung ist.

Anscheinend werden die Stimmungen stark durch unterschiedliche Mischungen der Antriebselemente beeinflußt, in denen sich das »bekämpfende« oder »erspürende« Verhalten zur *Schwerkraft,* zum *Raum* oder der *Zeit* mal mehr, mal weniger im Gleichgewicht befindet. Die Stimmung des *Schwebens,* dessen Elemente sich alle aus einer »erspürenden« inneren Einstellung ableiten, wird sich grundlegend von der Stimmung des *Stoßens* unterscheiden, dessen Elemente sich alle aus einer inneren Einstellung des »Bekämpfens« ableiten. Andererseits wird sich die Stimmung des *Tupfens* trotz ihrer Leichtigkeit wesentlich von einer Stimmung des *Schwebens* unterscheiden, weil *Tupfen* zwei bekämpfende Elemente und nur ein Element enthält, daß aus einer »erspürenden« inneren Einstellung resultiert.

Dies mag vielleicht kompliziert klingen und ist dennoch eine ganz einfache Tatsache. Es ist natürlich nicht einfach, sie in ebenso klaren Worten und Begriffen zu erläutern, wie man sie seit undenklichen Zeiten z.B. für Farbmischungen verwendet. Nur sehr wenige Mischungen von Energiequalitäten haben eine eigene Bezeichnung – nur die elementaren Antriebsaktionen und ihre Stimmungen sind relativ deutlich zu erkennen.

Man muß die Bewegungsstimmung miteinbeziehen, wenn man besser begreifen will, was in dem Tänzer, der mit Antriebsrhythmen spielt, vor sich geht und in dem Zuschauer, der die im Tanz sichtbar gewordenen Antriebsrhythmen in sich aufnimmt. Der Tanzlehrer muß über die Bewegungsstimmungen Bescheid wissen, weil die neue Tanztechnik auf Abwandlung und Wechsel der im Bewegungsfluß auftretenden Energiequalitäten basiert, die Träger der Stimmungen sind.

Die Raumform einer Bewegung und der sie ausführende Körperteil verändern nicht die in der Aktion enthaltene Grundstimmung, wohl aber kann die Plazierung der Bewegung im Raum der Stimmung eine weitere Nuance hinzufügen.

Bewegungsstimmungen finden sich in der Charakterisierung von Menschentypen, die der Schauspieler auf der Bühne darstellt. Man hat diese Menschen schon im Alltag gesehen; sie verwenden in ihren Bewegungen gewisse Raumformen und Rhythmen, und oft wird der Bewegungsantrieb an einer bestimmten charakteristischen Stelle des Körpers sichtbar. Betrachtet man solche Menschentypen unter dem Aspekt des Bewegungsantriebs, dann wird man feststellen, daß z.B. ein Mensch, der seine Rede fortwährend mit *tupfenden* Bewegungen begleitet, sich in großem Maß von jemand unterscheiden wird, der gewohnheitsmäßig *wringende* Bewegungen benutzt. Eine getanzte »Unterhaltung« zwischen zwei Personen, die statt Worten Bewegungen gebrauchen – der eine vielleicht überwiegend *Tupfen,* der andere *Wringen* – kann auf vergnügliche Art in den Gebrauch von Bewegungsstimmungen einführen.

Jede getanzte Unterhaltung zwischen zwei Personen, in der jede eine andere elementare Antriebsaktion verwendet, bietet die Gelegenheit, neue Nuancen in den Bewegungsstimmungen unterscheiden zu lernen. Bewegungsstudien dieser Art kommen dramatischem Ausdruck nahe, helfen aber auch einen wichtigen Bereich des Tanzstudium zu klären. Es ist gleichgültig, ob es in der Unterhaltung um einen Streit oder eine liebevolle Annäherung geht oder ob es sich um einen belanglosen geselligen Schwatz handelt – der Kontrast zwischen den Charakteren mit ihrer typischen Antriebsstruktur bleibt der gleiche. Während der Bewegungen entstehen durch ihre verschiedenen Raumformen, Rhythmen sowie dem unterschiedlichen Körpereinsatz weitere Nuancen, welche die Stimmung mitprägen und mit dem Geschehen und den dabei hervorgerufenen Emotionen verknüpft sind.

Themen, die sich mit dem Ausdrucksgehalt von Bewegungen befassen, decken einen weiten Bereich und bieten nahezu unbegrenzte Variationsmöglichkeiten. Setzt man sich eingehend mit diesen Themen auseinander, dann erhält man Einblick in die Beziehung zwischen der Struktur einer Bewegungssequenz und der persönlichen Eigenart der ausführenden Person. Wichtig für den Tanzlehrer ist jedoch die Tatsache, daß jugendliche das Bedürfnis haben, ihre eigenen Stimmungen und die anderer Leute zu erforschen. Für sie kann es viel Hilfe bedeuten, wenn der Tanzunterricht in diesen kritischen Jahren darauf ausgerichtet ist, die Ursachen beunruhigender, unverständlicher Situationen und Gewohnheiten klarzumachen; auf diese Weise erscheinen sie dem jugendlichen weniger bedrohlich.

Anmerkung zu den fortgeschrittenen Themen 9–16

Übungen oder Tanzsequenzen, die den Körper, das Gefühl und das Verständnis für Bewegungsstimmungen ansprechen, sollten vom Grundschulalter an bis zum Ende der Schulzeit Bestandteil eines methodischen Tanzunterrichts sein. Welche dieser typischen Arten des Tanzens aber jeweils besonders im Vordergrund steht, soll sich nach dem Entwicklungsstand und den momentanen Bedürfnissen der Schülermehrheit einer Klasse richten.

Gutentwickelte und wohlgeordnete Bewegungsantriebe sind das Endziel, auf das schon das Baby hinzustreben beginnt. Zu Ende seiner Schulzeit kann der Schüler jene Ausgeglichenheit seiner Persönlichkeit erworben haben, die heutzutage oft fehlt, weil der einseitigen Entwicklung intellektueller Fähigkeiten nur ein ungezügelter Bewegungsüberschwang oder übertriebene Gehemmtheit und Steifheit gegenüberstehen.

Die fortgeschrittenen Themen sind für die Altersstufen vom späten Grundschulalter bis zum Ende der Schulzeit geeignet. Selbstverständlich ist, daß sich bei all diesen Themen leichtere Variationen für die jüngeren finden lassen und daß die komplizierteren Variationen den Älteren vorbehalten sein werden. Wie aber bereits mehrfach erwähnt wurde, können hierbei keine klaren Abgrenzungen gezogen werden. Variationen zu entwickeln und sie an der richtigen Stelle im richtigen Augenblick einzusetzen ist eine der grundlegenden Aufgaben des Tanzlehrers.

Die Tanzspiele der älteren Schüler werden sich immer mehr dem annähern, was wir üblicherweise unter einem Tanzwerk verstehen. An dieser Stelle soll darauf hingewiesen werden, daß die verschiedenen Formen von Tanzkomposition – vom Bewegungsdrama bis hin zu lyrischen Gruppentänzen – so vielfältig sind, weil:

a) die in der Komposition verkörperte Bewegungsidee entweder komplex oder einfach sein kann,
b) die technischen Einzelheiten der in einer Komposition verwendeten Bewegungen, Raumformen und Energiequalitäten entweder kompliziert oder einfach sein können.

Das Bewegungsdrama kann eine tragische oder komische Handlung enthalten; Konflikt und Lösung von Bewegungsgegensätzen ist in sich aber schon ein dramatisches Geschehen und braucht nicht den Vorwand einer Handlungsschilderung. Ebenso ist Lyrisches im Tanz nicht eine Schilderung von Naturereignissen oder Gefühlen, sondern eine Ausführung von Bewegungssequenzen, in denen dramatisch gegeneinander wirkende Kontraste und ihre Auflösung in den Hintergrund treten.

Es ist sehr zweifelhaft, ob der gewöhnliche Tanzlehrer ohne gründlichstes Studium der Bewegungssprache in der Lage sein wird, kunstvolle Tänze zu gestalten. Zudem ist wünschenswert, daß Kinder der höheren Altersgruppen ihre Tänze selbst erfinden. Wenn man Tanz als Teil der schulischen Kunsterziehung ansieht, dann kann man die schöpferische Aktivität des Schülers in dieser fundamentalen Kunstform Tanz nicht außer acht lassen. Daher ist es vielleicht nützlich, etwas näher auf die Tänze von älteren Kindern und Jugendlichen einzugehen. Möglichkeiten wurden in all den fortgeschrittenen Bewegungsthemen nur angedeutet, jedoch bildet der Inhalt von mehreren Themen oder einigen ihrer Variationen eine solide Grundlage für kunstvollere Tänze.

Dynamische Spiele, in denen das Vorwärtsdrängen und Zurückhalten von Einzel- oder Gruppenbewegungen kombiniert wird, unterscheiden sich von Formationsspielen, in denen Einzel- und Gruppenbewegungen in Wirbel- und Wellenform oder in geradlinigen Formen vorherrschen.

Rhythmisches Wiederholen von im Thema enthaltenen Bewegungsideen ist die einfachste Form der Tanzkomposition Sie kann aus überwiegend dynamischen oder formativen Elementen bestehen. Variationen eines Themas können zu einem Tanz aneinandergereiht werden und Abwandlungen zu neuen Themen führen.

Zu all dem ist weder dramatische noch musikalische Inspiration – durch einen Text oder eine vorgegebene Musik – erforderlich. Die gewählten Bewegungssequenzen können mit Summen oder Schlagwerk von einem Teil der Kinder, manchmal auch von den tanzenden Kindern selbst begleitet werden. Das Ergebnis wird kein überwältigendes Kunstwerk, keine beispielhafte Aufführung sein, aber was immer auch getanzt wird, sollte mit ganzer innerer Beteiligung sowie Klarheit der Form ausgeführt werden. Es geht einzig und allein um die schöpferische Anregung und um den belebenden und befreienden Einfluß tänzerischer Bewegung.

Künstlerischer Geschmack und Unterscheidungsvermögen im allgemeinen lassen sich nicht besser oder einfacher schulen als durch die Bewegungskunst. Jedoch darf ein Tanz nie aus dem Wunsch heraus gestaltet werden, ein überragendes Kunstwerk schaffen zu wollen. Sollte dies wie durch ein Wunder doch einmal vorkommen, wird jeder seine Freude daran haben - aber in der Schule sollte man nicht bestrebt sein, wirkungsvolle Tänze nur um des äußeren Erfolges willen zur Aufführung zu bringen,

Viertes Kapitel

Grundlagen einer freien Tanztechnik

DIE BEDEUTUNG VON EXPERIMENTEN MIT DEM BEWEGUNGSANTRIEB

Zweck der nachfolgenden Reihe von Experimenten ist, dem Lehrer ein körperliches Empfinden für die Art von Bewegung zu vermitteln, wie sie im modernen Ausdruckstanz praktiziert wird. Die systematische Entwicklung der Bewegungsantriebe des Lehrers hat nichts mit der Methode zu tun, in welcher er selbst unterrichtet - diese besteht nach unserer Ansicht am besten darin, daß der Lehrer die im vorigen Kapitel beschriebenen Grund-Bewegungsthemen variabel den wachsenden Bedürfnissen seiner Schüler anpaßt. Die im folgenden zusammengestellten Experimente sollen vor allem der persönlichen Bewegungserfahrung des Lehrers dienen. Er muß sie dazu natürlich selbst ausführen, sie »am eigenen Leib« erleben und zugleich mit dem Verstand die Gesetzmäßigkeiten erfassen, die dem Zusammenwirken von Bewegungsantrieben zugrunde liegen.

Diese Experimente können selbstverständlich nicht die gesamte neue Tanztechnik einbeziehen, sie sollen lediglich Leitfaden und Anregung für alle Interessierten sein. Wesentlich für diese zeitgemäße Form tänzerischen Bewegung ist, daß sie dem einzelnen Spielraum läßt, um seinen eigenen Weg zu finden und individuelle Interpretationen auszuprobieren.

Das Studium der elementaren Antriebsaktionen ist für Lehrer und Schüler die Voraussetzung dafür, ihre Fähigkeit zum harmonischen und ausgewogenen Gebrauch dieser Aktionen im Alltag wie auch in der Kunst des Tanzens zu entwickeln. Man kann beobachten, daß viele Leute dazu neigen, manche Aktionen überzubetonen, was die Ungezwungenheit und Beherrschung ihrer Bewegungen beeinträchtigt. Andere Aktionen wiederum werden völlig beiseite gelassen oder so selten gebraucht, daß das natürliche weite Spektrum des Bewegungsausdrucks eingeengt wird. Ein derart gestörtes Gleichgewicht der Bewegungsantriebe mit seiner nachteiligen Auswirkung auf Leistungsvermögen und Wohlbefinden des einzelnen und der Gemeinschaft kommt viel häufiger vor, als man gemeinhin annimmt. Es kann nur durch jemand wiederhergestellt werden, der selbst am eigenen Leib das ganze Spektrum menschlicher Bewegungsimpulse erlebt hat und ausreichende Kenntnisse von ihrem natürlichen Zusammenwirken besitzt.

Die elementaren Antriebsaktionen finden sich auch in jeder Form von seelischem oder intellektuellem Ausdruck, und die Projektion eines Impulses nach außen kann Aufschluß über einen inneren Zustand geben. Manche Menschen haben vielleicht einige der hier beschriebenen Bewegungsantriebe nie selbst körperlich oder geistig erfahren. Für sie wird es von Vorteil sein, ihr Verständnis und Erfassen von Bewegungen auf ein größeres Gebiet auszudehnen, um auf diese Weise auch menschliches Handeln besser begreifen und nachempfinden zu können, das von solchen Bewegungsimpulsen ausgelöst wird.

Bewegungsantrieb, Entspannung, Ruhe

Das systematische Studium menschlichen Tuns und der ihm zugrunde liegenden Bewegungsantriebe gründet sich auf Untersuchungen der Beziehung zwischen Anspannung und Entspannung und der Rolle, die diese beiden wichtigen Aspekte der Aktivität für die Wirksamkeit, den ökonomischen Energieeinsatz und den Ablauf jeder Bewegung spielen.

Entspannung wird oft nur als Ruhe verstanden, als ein Zustand, in dem jegliche Bewegung aufhört wie etwa bei völliger Erschöpfung. Der moderne Ausdruckstanz hat von seinen frühesten Anfängen an die Bedeutung der schwingenden Bewegung hervorgehoben, bei der sich eine Phase relativ entspannter Bewegung mit einer Phase relativ angespannter Bewegung verbindet und eine auf Leichtigkeit und Auftrieb zielende Energiequalität sich rhythmisch mit einer Qualität kraftvoller Schwere abwechselt. Bald jedoch entdeckte man, daß das Zeitmaß einer Bewegung und die Gestalt ihres Raumweges für das richtige Verhältnis von Anspannung und Entspannung ebenso wichtig sind wie der sich verändernde Krafteinsatz.

Sobald man erkannt hatte, daß Entspannung aktiv sein und aus Bewegung bestehen kann, wurde auch klar, daß sie genau wie jede andere Bewegung eine Aktivität enthält. Die Antithese zwischen Aktivität und Entspannung hat so ihre eigentliche Bedeutung verloren.

Ruhe könnte man als relativ antriebslos ansehen, nicht aber Entspannung. Nimmt man die feineren Nuancen des Bewegungsantriebs erst einmal wahr, dann zeigt sich, daß sie auf bestimmte unterschiedliche Weise zusammenwirken, was in ihrer äußeren Bewegungsentfaltung sichtbar wird. Diese Arten des Zusammenwirkens sind für die freie Tanztechnik wesentlich. Sie können experimentell erfahren werden, indem man sie bewußt produziert und empfindet.

Die Nuancen von Energiequalitäten und Aktionen kann man bewußter unterscheiden lernen, wenn man sie mittels geeigneter Diagramme niederschreibt. Die Zeichen, mit denen die elementaren Antriebsaktionen für industrielle Zwecke graphisch dargestellt werden, können der Beschreibung von Bewegungsantriebs-Experimenten beigefügt werden.[10]

10 Leser, die sich für die Grundlagen dieser Diagramme interessieren, werden verwiesen auf R. Laban und F. C. Lawrence, Effort, a.a.O. Weitere ausführliche Hinweise finden sich in Labans Buch *The Mastery of Movement,* a.a.O.

Bewegungen und Antriebsaktionen

Vier Hauptarten von Bewegung lassen sich ohne Schwierigkeit unterscheiden:

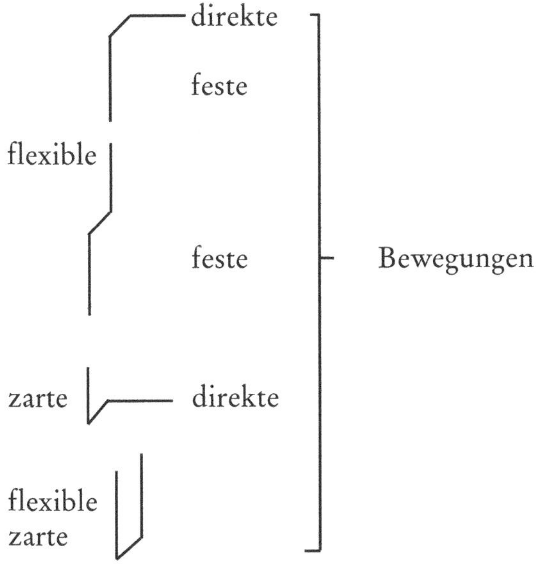

Das Zeichen für Bewegungsantrieb, ein kurzer Schrägstrich /, steht in der Mitte des Diagramms. Jede dieser Bewegungen kann einen von zwei charakteristischen Zeitwerten haben: *allmählich* oder *plötzlich.* Getragene Langsamkeit wird mit einem kurzen Querstrich in der unteren linken Ecke des Diagramms aufgezeichnet, während Plötzlichkeit durch einen kurzen Querstrich in der unteren rechten Ecke gekennzeichnet wird. Fügt man die Zeichen für die Zeitwerte

den Zeichen der vier Hauptbewegungen hinzu, so ergeben sich daraus die Diagramme der acht elementaren Antriebsaktionen:

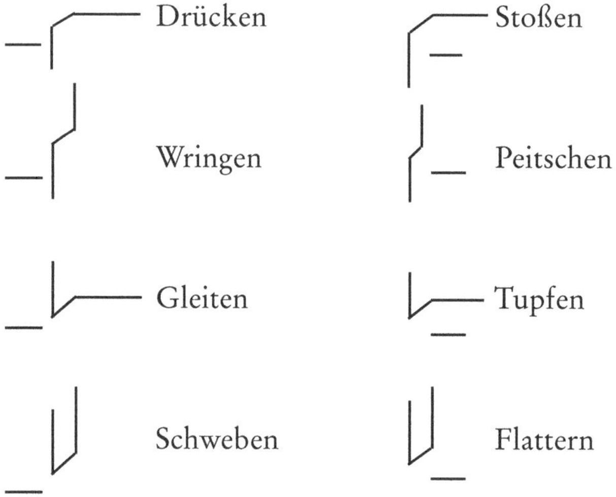

Man bekommt am besten ein Gefühl für die elementaren Antriebsaktionen, wenn man all die Varianten dieser Aktionen mit dem Körper ausführt, so wie es in der folgenden Reihe von Antriebsexperimenten beschrieben wird. Zuvor soll aber noch auf die zwei charakteristischen Werte des Bewegungsflusses eingegangen werden.

Erleben des Bewegungsflusses

In einer Aktion, bei der die Bewegung jederzeit mühelos angehalten werden kann, ist der Fluß *gebunden,* In einer Aktion, bei der ein plötzliches Anhalten der Bewegung schwierig ist, ist der Fluß frei oder fließend. Wie man in einer plötzlichen Aktion den zugrunde liegenden Bewegungsimpuls als »schnell zu sein« erkennt, so offenbart eine gebundene oder eine fließende Aktion den Antrieb »gebunden oder fließend zu sein.«

Ein geringes Maß an Kontrolle, das in dem freien Fluß einer Aktion resultiert, wird in der graphischen Wiedergabe als kurzer Querstrich dem schrägen Antriebszeichen vorangestellt. Ein hohes Maß an Kontrolle, das in gebundenem Bewegungsfluß resultiert, wird ihm als kurzer Querstrich nachgestellt. Beide

Querstriche verbindet man jeweils mit dem unteren Ende des Antriebszeichens:

frei  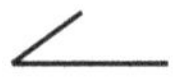 gebunden

Folgende Kombinationen aus Flüssigkeit oder Gebundenheit einerseits und getragener Langsamkeit und Plötzlichkeit andererseits sind möglich:

frei 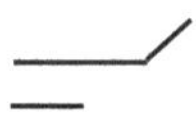 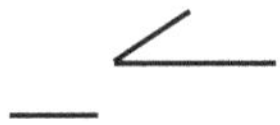 gebunden

allmählich allmählich

frei 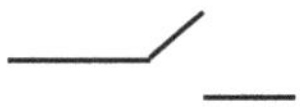 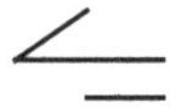 gebunden

plötzlich plötzlich

Man wird feststellen, daß die ersten sechs der im folgenden beschriebenen Aktionen sich normalerweise mit unterschiedlichen Flußelementen verbinden:

Drücken 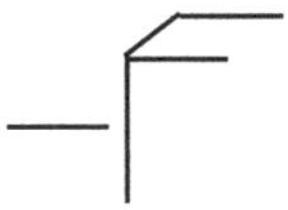 ist eine Bewegung mit deutlich gebundenem Fluß

Flattern 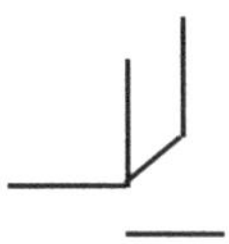 ist eine Bewegung mit deutlich freiem Fluß

Stoßen 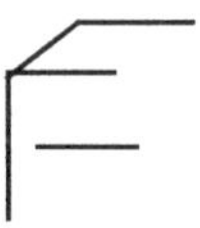 oder 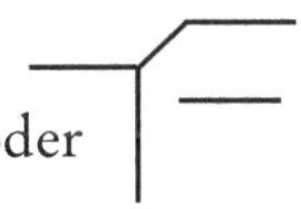

en *Schweben* 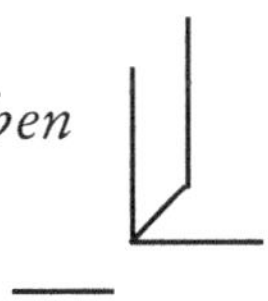 oder 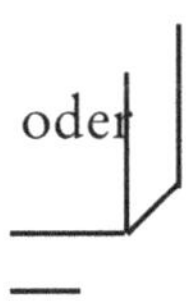

können beide mit gebundenem oder frei- Fluß ausgeführt werden

Wringen

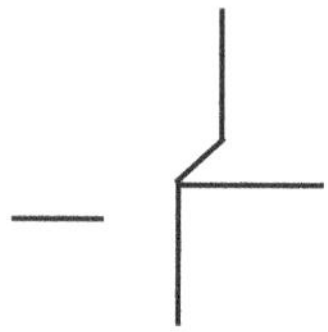

wird normalerweiser mit gebundenem Fluß ausgeführt

Tupfen

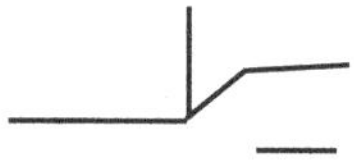

wird normalerweise mit freiem Fluß ausgeführt

Die zwei letzten Aktionen können aber auch mit dem entgegengesetzten Maß von Bewegungsflußkontrolle ausgeführt werden:

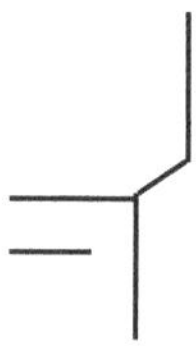

und

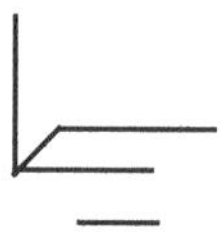

Von den restlichen zwei elementaren Antriebsaktionen wird:

Peitschen

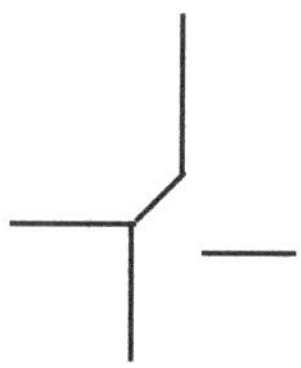

normalerweise mit freiem Fluß ausgeführt, wobei die Bewegung in ein Schweben ausklingt, während

Gleiten

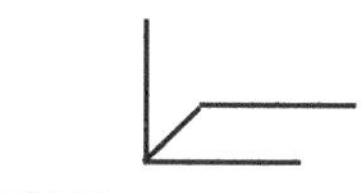

normalerweise mit gebundenem Fluß ausgeführt wird.

DIE ACHT ELEMENTAREN ANTRIEBSAKTIONEN

1. Drücken

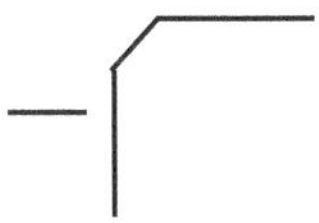

Drücken ist
fest, direkt, allmählich.

Diese Aktion ist am besten in den Handflächen zu fühlen, dann in Armen, Schultern, Rumpf und Beinen.

Der Druck der Hände kann in verschiedene Raumzonen gerichtet werden, vor allem überkreuz zur Seite und tief-vor; es gibt aber zahllose weitere Möglichkeiten, mit einer Hand allein oder mit beiden gemeinsam nach unten, oben, überkreuz, zur offenen Seite, vor und zurück zu drücken und in alle übrigen Richtungen in den Raum hinein.

Das Drücken sollte auch in anderen Teilen des Körpers erlebt werden, wie in Schultern, Brust, Rücken, Hüften, Knien und Füßen, nicht nur vom Körper weg in den Raum hinein, sondern auch zum Körper hin. Andere Variationsmöglichkeiten sind: mit beiden Handflächen oder auch mit anderen Körperteilen gleichzeitig in unterschiedliche Richtungen drücken, beispielsweise die Hüften nach unten, während sich die Arme nach vom bewegen usw.

Die Beine können beim Tragen oder Verlagern des Körpergewichts einen Druck auf den Boden ausüben, oder sie können in viele verschiedene Richtungen in die Luft drücken. Diese Druckbewegungen lassen sich mit denen von Handflächen, Armen oder jedem anderen Teil der oberen Körperhälfte kombinieren. Das Drücken kann im Stehen, Knien, Sitzen oder Liegen ebenso ausgeführt werden wie im Gehen. Druckbewegungen können als Übergang von einer dieser Stellungen in die andere dienen.

Schiebt man ein konkretes Objekt beiseite, dann setzt das Gewicht des Objekts der Aktion einen Widerstand entgegen. Wird das Objekt aber nun entfernt und die Empfindung von

Druck beibehalten, so kommt eine weitere Muskelgruppe ins Spiel, um den Widerstand zu erzeugen. Wenn diese anderen Muskeln nicht mitwirken und einen Widerstand bieten würden, fiele man vornüber bei dem Versuch, ein nicht tatsächlich vorhandenes Objekt wegzuschieben. Diese sogenannten antagonistischen Muskelgruppen produzieren im gesamten Körper eine starke Spannung, so daß sogar dann in Beinen, Rumpf und Hals eine Gegenspannung auftritt und ein Gefühl kontrollierter Stärke erzeugt wird, wenn die Handflächen allein den Druck ausüben.

Gegen *Schwerkraft* und *Raum* »anzukämpfen« (d.h. einen starken Widerstand hervorzubringen und einer einzigen Raumrichtung zu folgen) verbunden mit einem »Erspüren« der Zeit (d.h. die Aktion über einen Zeitabschnitt auszuhalten) ist kennzeichnend für das Drücken und entwickelt eine wertvolle Kontrolle des Bewegungsantriebs. Die stetige, nicht abweichende Kontinuität der Gegenspannung bewirkt eine besondere Art von kontrollierter Kraft, wie sie in keiner anderen physischen Aktivität vorkommt.

Eine Bewegung kann als kraftvoll und fest gelten, wenn die vorherrschenden Energiequalitäten Muskelanspannung, nicht Muskelentspannung enthalten. Kraftvolle Aktionen sind außer Drücken-Schieben, Wringen, Ziehen, Stoßen, Hauen, Peitschen, Zuschlagen, Werfen usw.

Physikalisch wird eine Kraft oder starke Gewalt von dem Druck ausgeübt, den z.B. Dampf, ein Gewicht, die Wucht eines fallenden oder rollenden schweren Gegenstandes erzeugt. Bis zu einem gewissen Grad kann diesem durch kraftvolle Körperaktionen entgegengewirkt werden.

2. Flattern (leichtes Schlagen)

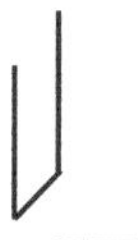

Flattern ist
zart, flexibel, plötzlich.

Diese Aktion sollte man zuerst in den Händen erleben, mit leichtem, kurzen Drehen der Handgelenke und Finger, als klopfe man sich ein Stäubchen von der Kleidung ab. Danach kann sie überall um den Körper herum ausgeführt werden, oben, unten, nahe am Körper oder weit weg usw. Flatternde Bewegungen können auch mit Schultern, Kopf und Füßen gemacht werden.

Die wichtigste Raumzone, in der das Flattern der Hände geübt werden sollte, liegt zur offenen Seite und hoch-zurück. Es gibt aber zahllose Möglichkeiten, z.B. mit einer Hand allein oder mit beiden gemeinsam nach unten, oben, überkreuz, zur Seite, vor und zurück und wirklich in alle Raumrichtungen hinein zu flattern.

Das Flattern sollte auch in anderen Teilen des Körpers erlebt werden, wie in Schultern, Ellbogen, Knien und Füßen, nicht nur vom Körper weg in den Raum hinein, sondern auch zum Körper hin. Andere Variationsmöglichkeiten sind: mit beiden Händen gleichzeitig, aber in unterschiedliche Richtungen flattern oder mit verschiedenen Teilen des Körpers in unterschiedliche Richtungen, beispielsweise flattert ein Knie seitlich nach außen, während der Ellbogen der anderen Körperseite dasselbe schräg-zurück in die Höhe tut usw.

Man kann mit einem Fuß in viele Richtungen durch die Luft oder mit Bodenberührung flattern. Beide Füße können beim Springen in der Luft flattern. Man kann wie beim Steptanz leicht ausschlagende Schritte machen. Das Flattern kann im Stehen, Knien, Sitzen oder Liegen ausgeführt werden und als Übergang von einer Stellung in die nächste verwendet werden.

Fegt man mit einem leichten, schwungvollen Schlag etwas Konkretes beiseite oder den Fuß über den Boden, dann setzt die Oberfläche des Materials der Aktion einen Widerstand entgegen. Wird der leichte Schlag jedoch in der Luft ausgeführt, so kommt eine andere Muskelgruppe ins Spiel, die ein schwaches elastisches Zurückfedern des schlagenden Gliedes verursacht. Mehrfach hintereinander wiederholtes leichtes Schlagen ergibt eine Flatter- oder Zitterbewegung, in der das ständig wiederkehrende leichte Abfedern zwischen den einzelnen Aktionen für Kontinuität sorgt. Der ganze Körper kann bei solchen Aktionen einbezogen werden; man erlebt dabei ein Gefühl intensiver Leichtigkeit und gelösten Auftriebs.

Ein »Erspüren« der *Schwerkraft* (d.h. in der Muskelspannung nachlassen und dadurch ein Gefühl von Leichtigkeit zu erzeugen) und des *Raums* (d.h. statt eines einstrebigen Zuges der Muskeln sich dem »Überall« des Raumes durch eine Vielstrebigkeit zu überlassen), verbunden mit dem »Ankämpfen« gegen die Zeit (d.h. die Aktion so zu beschleunigen, daß sie nur einen kurzen Augenblick dauert) ist kennzeichnend für das Flattern. Diese Kombination entwickelt eine wertvolle Kontrolle des Bewegungsantriebs und vermittelt eine völlig andere Bewegungserfahrung als einfache Lokkerungsübungen mit Ausschütteln. Die Elastizität der feinen und geschmeidigen Gegenspannung bewirkt in Verbindung mit dem knappen, kurzen Zurückfedern eine besondere Art von ungehinderten Leichtigkeit, wie sie in keiner anderen physischen Aktivität vorkommt.

Eine Bewegung kann als fein oder zart gelten, wenn in ihrer Energiequalität Muskelentspannung überwiegt. Dies ist bei fast allen zart ausgeführten Aktionen der Fall, bei denen das Gewicht des Objekts unbedeutend ist, beispielsweise beim Abklopfen eines Stäubchens. Zart ausgeführte Aktionen sind außer Flattern und Zittern: ein leichtes Umrühren, Schweben, Wehen, Gleiten, leichtes Glätten und Zucken, Tupfen, Beklopfen usw.

Physikalisch sind das schwache Bewegtsein von Luft und Wasser, das Daherschweben einer Feder Beispiele für leichte Bewegungen, wo der Druck des Gewichts unbedeutend ist.

Man kann jede Bewegung des Körpers, bei der kein äußeres Gewicht bewegt werden muß, verhältnismäßig entspannt ausführen und dabei ein Gefühl relativer Schwerelosigkeit empfinden.

3. Stoßen (Stechen)

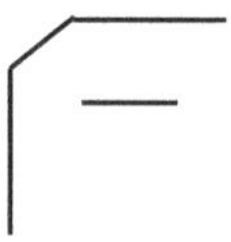

Stoßen ist
plötzlich, direkt, fest.

Das Stoßen kann man am besten zuerst in Händen und Armen fühlen, wenn man die Hand zur Faust ballt und sie heftig und schnell geradewegs auf ein Ziel zustößt. In den Beinen ist die Aktion des Stoßens bei stampfenden Schritten zu spüren.

Das Stoßen sollte vom Körper aus in alle Richtungen ausgeführt werden, mit jeweils einem Arm und dazu dem Bein der gleichen oder entgegengesetzten Körperseite. Später sollte man es auch in anderen Teilen des Körpers kennenlernen, wie in Ellbogen, Schultern, Hüften, Knien und Kopf.

Die Hauptzone, in der das Stoßen mit den Armen am besten zuerst geübt wird, liegt überkreuz zur Seite und tief-zurück. Um diese Aktion geradlinig in die angegebene Raumzone auszuführen, muß der gesamte Körper stark zusammengezogen werden. Ein begleitender Stampfschritt wird anfangs am Ort und später in jede beliebige Richtung gemacht.

Es gibt zahllose Möglichkeiten zu stoßen oder zu stechen, z. B. mit einem Arm, allein oder mit beiden gemeinsam nach unten, oben, überkreuz, zur offenen Seite, vor und zurück und wirklich in alle Raumrichtungen hinein, nicht nur vom Körper weg, sondern auch zum Körper hin. Andere Variationsmöglichkeiten sind: mit beiden Armen gleichzeitig in unterschiedliche Richtungen stoßen oder mit verschiedenen Teilen des Körpers in unterschiedliche Richtungen, beispielsweise die Hüften zur Seite stoßen und die Arme einzeln oder gemeinsam nach oben usw.

Die Beine können in viele Richtungen in die Luft stoßen oder die bereits erwähnten stampfenden Schritte machen. Beides läßt sich mit dem Stoßen eines beliebigen Teils der oberen Körperhälfte in jede beliebige Richtung verbinden. Das Stoßen kann mit Stehen, Sitzen, Knien oder Liegen ausgeführt werden und einen Stellungswechsel bewirken.

Wenn der Stoß auf ein konkret vorhandenes Objekt gerichtet ist, dann trifft er auf einen natürlichen Widerstand. Hat der Stoß kein Objekt zum Ziel, so wird die Gegenspannung antagonistischer Muskeln nötig. Ohne das Mitwirken dieser Muskelgruppe würde man in die Stoßrichtung fallen. Diese Gegenspannung muß im ganzen Körper gespürt werden, so daß sogar dann in Beinen, Rumpf und Hals eine gespannte Bereitschaft und Kraft empfunden wird, wenn das Stoßen allein mit der Faust erfolgt. Die Schrittstellung muß fest sein.

Gegen *Schwerkraft, Raum* und *Zeit* »anzukämpfen« (ohne

jedes »Erspüren«) ist kennzeichnend für das Stoßen und entwickelt eine wertvolle Kontrolle des Bewegungsantriebs es vermittelt eine völlig andere Bewegungserfahrung als einfache Übungen mit schneller, starker Anspannung. Die Elastizität der direkten und schnellen Gegenspannungen bewirkt eine besondere Art kraftvoller Plötzlichkeit, wie sie in keiner anderen physischen Aktivität vorkommt.

Eine Bewegung kann als schnell gelten, wenn in ihr die Energiequalität einer ruckartigen oder plötzlichen Muskelfunktion überwiegt. Schnelle Aktionen sind außer Stoßen und Stechen: Flattern, Zuschlagen, Peitschen, Tupfen, Zucken usw.

Im Physikalischen findet sich dieser ruckartige Charakter einer plötzlichen Bewegung in Explosionen oder im Hochschnellen einer vorher zusammengedrückten Sprungfeder.

Aktionen, die der Körper mit Schnelligkeit ausführt, lassen sich zeitlich nicht ausdehnen, ohne ihren Charakter einzubüßen. Verlangsamt man einen Stoß, so wird er zu einem Druck. Schnelle Aktionen können in längeren oder kürzeren Zeitabständen wiederholt werden, sind selbst aber immer von kurzer Dauer.

4. Schweben (Fliegen)

Schweben ist
allmählich, flexibel, zart.

Diese Aktion kann man am besten fühlen, während man bei einem Sprung durch die Luft fliegt. Sie ist auch in den leisen Regungen des ruhenden Körpers zu spüren, wenn man beispielsweise im Liegen ganz leicht den Atembewegungen nachgeht.

Schwebende Bewegungen können in verschiedene Raumzonen gerichtet werden, wobei die wichtigste zur offenen Seite und hoch-vor liegt; es gibt aber zahllose andere Möglichkeiten, z.B. einem Arm allein oder beide zusammen schwebend nach unten, oben, überkreuz, zur offenen Seite, vor und zurück und wirklich in alle Raumrichtungen zu bewegen.

Das Schweben sollte auch in anderen Teilen des Körpers erlebt werden, wie in Schultern, Ellbogen, Brust, Kopf, Hüften,

Knien, Beinen und Füßen, nicht nur vom Körper weg in den Raum hinein, sondern auch zum Körper hin.

Andere Variationsmöglichkeiten sind: mit beiden Armen gleichzeitig in unterschiedliche Richtungen schweben oder mit verschiedenen Teilen des Körpers in unterschiedliche Richtungen, beispielsweise bewegt sich der Körper mit schwebenden oder fliegenden Schritten nach vorn, während die Arme dabei nach hinten gehen usw.

Die Beine können nach vielen Richtungen durch die Luft schweben und fliegen, oder man kann schwebende Schritte machen, bei denen nur die Zehenspitzen leicht den Boden berühren. Solche Schritte lassen sich mit schwebenden Bewegungen eines beliebigen Teils der oberen Körperhälfte in jeder beliebigen Raumrichtung kombinieren. Das Schweben kann im Stehen, Knien, Sitzen oder Liegen ausgeführt werden. Schwebende Bewegungen können beim Wechsel von einer Stellung in die andere als Übergang dienen.

Schwebende Bewegungen können im Zusammenhang mit bestimmten Objekten oder praktischen Tätigkeiten gemacht werden, beispielsweise beim leichten Umrühren einer Flüssigkeit. In diesem Fall setzt das Objekt einen Widerstand entgegen. Geschieht das Rühren oder eine andere schwebende Bewegung ohne Bezug auf ein konkretes Objekt, wie z. B. das Schweben in der Luft während eines weiten Sprunges, dann entsteht in besonderen Muskelgruppen eine Spannung, welche das Eigengewicht des Körpers oder des schwebenden Körperteils überwinden hilft. Wenn diese Spannung möglichst gering gehalten wird, verstärkt sich das im gesamten Körper, in Füßen, Beinen, Rumpf usw. empfundene Gefühl von getragener Langsamkeit.

Zeit, Schwerkraft und *Raum* zu »erspüren« (ohne jedes »Ankämpfen«) ist kennzeichnend für das Schweben und entwickelt eine wertvolle Kontrolle des Bewegungsantriebs; es vermittelt eine völlig andere Bewegungserfahrung als einfache Körperfunktionsübungen mit langsamen Bewegungen. Die feinen, multilateralen Gegenspannungen bewirken eine besondere Art von sanfter Getragenheit, wie sie in keiner anderen physischen Aktivität vorkommt.

Eine Bewegung kann als allmählich, getragen gelten, wenn in ihr die Energiequalität kontinuierlicher Muskelfunktion überwiegt. Getragene Aktionen sind außer Schweben und Fliegen: Drücken, Wringen, Gleiten und ihre Ableitungen wie Ziehen, Glätten usw.

Im Physikalischen ist das Schweben, wie es beispielsweise in allmählich ziehendem Rauch zu sehen ist, im Gegensatz zum jähen Aufsprühen eines Funken andauernd, langsam.

Eine kontinuierliche Muskelaktion kann von kürzerer oder längerer Dauer sein, wird aber nie plötzlich sein.

5. Wringen

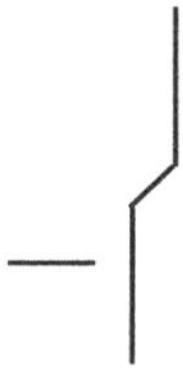

Wringen ist
flexibel, allmählich, fest.

Das Wringen kann zwischen einer Zug- und Drehbewegung variieren und ist leichter in Schultern, Armen und Händen als in Hüften und Beinen zu spüren. Das Gefühl von Kraft darf nicht verloren gehen, denn der schon beim Drücken erlebte langsame Muskelwiderstand findet sich auch in dieser elementaren Antriebsaktion, obgleich das Wringen durch die flexibleren Bewegungen der Gelenke eine andersgeartete Empfindung hervorruft.

Zuerst sollte man das Wringen in den Händen erleben, als ob man Wäsche auswringt, danach sollte es auch von anderen Körperteilen ausgeführt werden. Der gesamte Körper kann sich verwringen, wenn man sich beispielsweise rekelt wie beim Gähnen.

Wringende Armbewegungen können in verschiedene Raumzonen gerichtet werden, die für Übungszwecke wichtigste liegt zur offenen Seite und tief-vor. Es gibt aber noch viele andere Möglichkeiten, z. B. mit einem Arm allein oder beiden zusammen wringende Bewegungen nach unten, oben, überkreuz, zur offenen Seite, vor und zurück und wirklich in alle Raumrichtungen hinein auszuführen.

Das Wringen sollte auch in anderen Teilen des Körpers erlebt werden, wie in Schultern, Rumpf, Hüften, Beinen, nicht nur vom Körper weg in den Raum hinein, sondern auch zum Körper hin. Andere Variationsmöglichkeiten sind: beide Arme gleichzeitig wringend in unterschiedliche Richtungen bewegen oder verschiedene Teile des Körpers in unterschiedliche Richtungen, beispielsweise kann sich der Oberkörper mit einer wringenden Bewegung nach hinten neigen, während die Arme sich seitlich nach oben winden usw.

Wringende Gesten können mit den Beinen ausgeführt werden, um einen Schritt einzuleiten. Das Wringen kann sich im Schritt selbst fortsetzen, d.h. der Fuß schraubt sich in den Boden, wenn das Körpergewicht auf ihn übertragen wird. Wringen läßt sich in jeder Stellung ausführen – stehend, kniend, sitzend oder liegend – und kann Übergangsbewegung beim Wechsel von einer Stellung in die andere sein.

Wringt man ein Tuch aus oder verflicht mehrere Taue miteinander, dann setzt das Objekt einen Widerstand entgegen. Geschieht das Wringen des Körpers oder seiner Teile ohne jedes Objekt, so treten bestimmte zusätzliche Muskelgruppen in Aktion und erzeugen den in der Verwindung notwendigen Gegen-Zug. Auf diese Weise kommt es zu einer starken Spannung, die sich im ganzen Körper ausbreiten kann, so daß sogar dann in Beinen, Rumpf und Hals eine Gegenspannung vorhanden ist und somit ein Gefühl kontrollierter Flexibilität hervorgerufen wird, wenn man nur die Hände wringt.

Raum und *Zeit* zu »erspüren« und gegen die *Schwerkraft* »anzukämpfen« ist kennzeichnend für das Wringen; es entwickelt eine wertvolle Kontrolle des Bewegungsantriebs und vermittelt eine völlig andere Bewegungserfahrung als einfache Körperübungen mit Verwindungen. Die stetige Festigkeit der Gegenspannung bewirkt eine besondere Art von getragener Flexibilität, wie sie in keiner anderen physischen Aktivität vorkommt.

Eine Bewegung kann als flexibel gelten, wenn in ihr die Energiequalität einer multilateralen Muskelfunktion vorherrscht. Dieser Bewegungsantrieb führt zu einer ständigen Veränderung der Bewegungsrichtung. Flexible Aktionen sind außer Wringen: Peitschen, Schweben, Flattern und einige ihrer Ableitungen.

Im Physikalischen kann man in Wasserstrudeln und Luftwirbeln oder im unruhigen Flackern von Flammen flexible Bewegungen erkennen.

Flexibel ausgeführte Körperaktion zeigen, daß verschiedene Muskelgruppen zur gleichen Zeit in unterschiedliche Richtungen Zug ausüben. Komplizierte Richtungsänderung die gewundene Bewegungsformen ergeben, unterstreichen den Charakter flexibler Aktionen.

6. Tupfen

Tupfen ist
direkt, plötzlich, zart.

Diese Aktion ist am ehesten in einer leichten Bewegung der Hände zu fühlen, wie sie z. B. der Maler beim Auftragen von Farbtupfern macht, oder in den Fingern wie beim Tippen auf der Schreibmaschine. In den Beinen kann man sie beim Auftippen mit den Zehenspitzen oder beim flotten Traben spüren.

Das Tupfen sollte zuerst in den Händen nach allen möglichen Richtungen erlebt werden, danach in Füßen und Beinen. Man kann es auch in den Schultern und in schnellen Bewegungen des Kopfes spüren lernen.

Das Tupfen kann mit den Händen in jeder beliebigen Richtung ausgeführt werden, besonders auch über die Gegenschulter zurück und nach oben. Es gibt für das Tupfen zahllose Möglichkeiten, z. B. jede Hand allein oder beide zusammen tupfend nach unten, oben, überkreuz, zur offenen Seite, vor und zurück und wirklich in alle Raumrichtungen zu bewegen.

Das Tupfen sollte außen in den Händen und Füßen auch in anderen Körperteilen erlebt werden. Schultern, Ellbogen, Kinn, Kopf und Knie, aber auch Teile des Rumpfes wie Hüften, Brust und Rücken können tupfende Bewegungen ausführen.

Das Tupfen kann nicht nur vom Körper weg in den Raum führen, sondern auch zum Körper hin. Andere Variationsmöglichkeiten sind: mit beiden Händen gleichzeitig in unterschiedliche Richtungen tupfen oder mit verschiedenen Körperteilen in unterschiedliche Richtungen, beispielsweise mit dem Fuß auf den Boden und mit einer oder zwei Händen nach oben usw.

Die Beine können nach vielen Richtungen in die Luft tupfen sowie tupfende oder leicht klopfende Schritte machen, die mit Tupfbewegungen der oberen Körperhälfte kombiniert werden können. Das Tupfen kann im Stehen, Knien, Sitzen oder Liegen ausgeführt werden, und tupfende Bewegungen können verwendet werden, um von einer Stellung in die nächste zu gelangen.

Tippt man gegen ein Objekt, so spürt man einen Widerstand. Tupft man dagegen in die Luft, dann wird der Widerstand von besonderen Muskelgruppen erzeugt. Die charakteristische federnde Elastizität dieser Aktion wird deutlich, wenn man die Tupfbewegung mehrfach schnell hintereinander wiederholt, beispielsweise beim Zucken oder Schlottern einzelner Körperteile. Das Zucken oder vibrierende Schlottern besteht aus mehreren Tupfbewegungen mit elastischer Gegenspannung. Es kann sich – wie schon ein einzelner Tupfer – auf den ganzen Körper auswirken, so daß sogar dann eine Gegenspannung in Rumpf, Beinen, Hals usw. zu spüren ist und somit ein Gefühl kontrollierter Direktheit hervorgerufen wird, wenn man nur mit einem einzigen Finger tupft, tippt oder klopft.

Gegen *Raum* und *Zeit* »anzukämpfen« und dabei die *Schwerkraft zu* »erspüren« (was sich in einer gewissen Entspanntheit und einem Gefühl von Leichtigkeit zeigt) ist kennzeichnend für das Tupfen und entwickelt eine wertvolle Kontrolle des Bewegungsantriebs, es vermittelt eine völlig andere Bewegungserfahrung als einfache geradlinig ausgeführte Körperfunktionsübungen. Der schnelle, feinkontrollierte Zugriff der Gegenspannung erzeugt in Verbindung mit dem elastischen Zurückfedern eine besondere Art von plötzlicher Direktheit, wie sie in keiner anderen physischen Aktivität vorkommt.

Eine Bewegung kann als direkt oder gleichströmig gelten, wenn in ihr die Energiequalität einer unilateralen Muskelfunktion vorherrscht. Direkte Aktionen sind außer Tupfen: Gleiten, Stoßen, Stechen, Drücken usw.

Physikalisch weisen Fallen, Schießen, Strömen eine Art Kanalisierung im Raum auf, die für direkte Bewegung typisch ist.

Bei Körperaktionen von großer Direktheit entstehen durch das Mitwirken aller aktiven Muskelgruppen in der Regel gut ausgeprägte, nicht-plastische Raumlinien. Muskelgruppen, die ungeeignet dafür sind, die Bewegung in der angestrebten Richtung zu unterstützen, bleiben passiv, sind also nicht funktionsbereit.

7. Peitschen

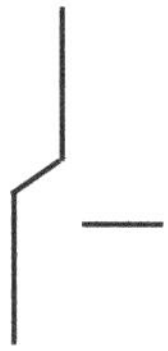

Peitschen ist
plötzlich, fest, flexibel.

Eine weniger kräftige Variante dieser Aktion ist beispielsweise das Reißen, eine weniger flexible Variante das Schlagen. Peitschen kann man am ehesten in jeweils einem Arm erleben, indem man hoch überkreuz vor dem Körper beginnt und tiefzurück auf der offenen Seite endet, danach in den Beinen, wenn man auf einem Bein steht und mit dem Spielbein nach außen um sich herum schlägt.

Zuerst sollte das Peitschen mit jedem Arm einzeln in alle Richtungen um den Körper herum erlebt werden, dann mit jedem Bein. Es gibt zahllose Möglichkeiten, das Peitschen auszuführen, z. B. mit jedem Arm einzeln oder mit beiden zusammen nach unten, oben, überkreuz, zur offenen Seite, vor und zurück und wirklich in alle Raumrichtungen hinein.

Das Peitschen sollte außer in Armen und Beinen auch in anderen Teilen des Körpers erlebt werden, wie in Schultern, Ellbogen, Hüften, Knien, Füßen und Kopf. Ein Peitschen mit den Füßen allein wird dem leichten Schlagen des Flatterns ähneln, aber kraftvoller sein. Das Peitschen kann nicht nur vom Körper weg, sondern auch zum Körper hin ausgeführt werden.

Andere Möglichkeiten sind: mit beiden Armen gleichzeitig, aber in unterschiedliche Richtungen peitschen oder mit verschiedenen Körperteilen in unterschiedliche Richtungen, beispielsweise kann man mit einem Knie überkreuz vor dem Körper schräg-hoch und mit der Gegenschulter schräg-tief in die entgegengesetzte Richtung, also zur offenen Seite hin, eine Peitschbewegung machen.

Die Beine können in die Luft peitschen, sie können aber auch peitschende Schritte ausführen, besonders beim Springen. Solche Schritte und Sprünge lassen sich mit Peitschbewegungen des Oberkörpers und der oberen Extremitäten kombinieren. Das Peitschen kann im Stehen, Knien, Sitzen oder Liegen ausgeführt werden, Peitsch- und Schlagbewegungen können den Übergang von einer Stellung in die nächste bilden.

Schlägt man nach etwas Konkretem, so ist es das Objekt, das der Aktion einen Widerstand entgegensetzt. Schlägt man aber in die Luft, dann ist die Bewegung von so außergewöhnlich freiem Fluß, daß sie von bestimmten Muskelgruppen gezügelt werden muß. Ohne die Kooperation dieser Muskelgruppen würde der Körper durch eine kräftige Schlagbewegung in unkontrolliertem Bogen aus dem Gleichgewicht geworfen werden. Man kann solche Schlagimpulse benutzen, um große Drehsprünge u. ä. zu machen. Eine gutausgeführt Schlag- oder Peitschbewegung gibt das Gefühl von freiem, ungehinderten Bewegungsfluß.

Gegen *Schwerkraft* und *Zeit* »anzukämpfen« und dabei den Raum zu »erspüren« ist kennzeichnend für das Peitschen und entwickelt eine wertvolle Kontrolle des Bewegungsantriebs; es vermittelt eine völlig andere Bewegungserfahrung als einfache Körperfunktionsübungen mit Werfen und Springen. Die behende Anpassung der starken und multilateralen Gegenspannung, die bei Schlag- und Peitschbewegungen entsteht, bewirkt eine besondere Art flexibler Flüssigkeit, wie sie in keiner anderen physischen Aktivität vorkommt.

Eine Bewegung kann als flüssig oder mit freiem Fluß ablaufend gelten, wenn in ihren Energiequalitäten das Hemmende nahezu völlig fehlt. Flüssige Aktionen sind außer dem Peitschen, das zumeist in ein Schweben verklingt: Flattern, Fliehen, Wehen, Fliegen und sogar Stoßen, wenn dessen Impuls sich zu einem Gleiten abschwächt. Einige dieser Aktionen können jedoch auf beide Arten – also mit freiem oder gebundenem Fluß – ausgeführt werden.

Physikalisch weisen Strömen und Fließen sowie Teile von ballistischen Abläufen flüssige Bewegtheit auf.

Die Muskeln, welche dem flüssigen Charakter der Aktion antagonistisch gegenüberstehen, bleiben passiv, sie sind nicht funktionsbereit.

8. Gleiten

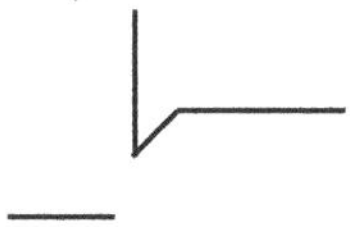

Gleiten ist
allmählich, zart, direkt.

Diese Aktion kann am ehesten in den Handflächen gefühlt werden, als striche man über eine glatte Oberfläche, und danach in den Beinen, wenn man auf einem Bein steht und die Fußsohle des Spielbeins leicht über den Boden schleift.

Zuerst kann man diese elementare Antriebsaktion kennenlernen, indem man mit nach unten gehaltenen Handflächen parallel zum Boden in alle Richtungen um den Körper herum und danach auf und ab gleitet, wobei die Handflächen nach vorn zeigen. Dies Gleiten kann mit Gehschritten verbunden werden, die auch weich und gleitend auszuführen sind.

Gleitbewegungen des Rumpfes allein sind schwierig, aber das Gefühl des Gleitens sollte ebenso wie in Händen und Beinen auch im Körper erlebt werden, beispielsweise in einer ruhigen Verbeugung oder in einem Schwanken.

Das Gleiten der Hände kann in verschiedene Raumzonen gerichtet werden, von denen die wichtigste überkreuz vor dem Körper und hoch-vor liegt; es gibt jedoch zahllose andere Möglichkeiten, z.B. mit einer Hand allein oder mit beiden zusammen nach unten, oben, überkreuz, zur offenen Seite, vor und zurück und wirklich in alte Raumrichtungen zu gleiten. Das Gleiten sollte auch in anderen Teilen des Körpers erfahren werden, wie in Schultern, Ellbogen, Kopf, Brust, Rücken, Hüften, Knien und Füßen, nicht nur vom Körper weg in den Raum hinein, sondern auch zum Körper hin.

Andere Variationsmöglichkeiten sind: mit beiden Händen gleichzeitig in unterschiedliche Richtungen gleiten oder mit verschiedenen Teilen des Körpers in unterschiedliche Richtungen, beispielsweise kann eine Hüfte schräg-vor gleiten, während die Gegenschulter mit der gleichen Aktion in die entgegengesetzte Richtung geführt wird usw.

Die Beine können in die Luft gleiten oder sich in Gleitschritten über den Boden bewegen. Gleitschritte können kombiniert werden mit gleitenden Gesten anderer Körperteile. Das Gleiten kann im Stehen, Knien, Sitzen oder Liegen ausgeführt werden, und es ist möglich, eine Stellung mit einer anderen durch eine gleitende Bewegung zu verbinden.

Wenn man über etwas Konkretes gleitet, bietet das Objekt einen Widerstand. Vollzieht sich das Gleiten ohne jede Verbindung zu einem Objekt in der Luft, dann kommen bestimmte Muskelgruppen ins Spiel. Sie sorgen für eine Gegenspannung, die im ganzen Körper spürbar wird und ein Gefühl kontrollierter Gebundenheit hervorruft.

Schwerkraft und *Zeit* zu »erspüren« und gegen den Raum »anzukämpfen« ist kennzeichnend für das Gleiten und entwikkelt eine wertvolle Kontrolle des Bewegungsantriebs; es vermittelt eine völlig andere Bewegungserfahrung als einfache Körperfunktionsübungen mit weichem Beugen und Strecken. Die anhaltende Leichtigkeit der unilateralen Gegenspannung führt zu einer besonderen Art direkter Gebundenheit, wie sie in keiner anderen physischen Aktivität vorkommt.

Eine Bewegung kann als gebunden gelten, wenn in ihrer Energiequalität die Bereitschaft zum Anhalten überwiegt.

Neben dem Gleiten sind andere Aktionen, die meist zur Gebundenheit tendieren, das Drücken, Wringen, Stoßen, Schieben, Ziehen usw.

Im Physikalischen ist das Ausdehnen oder Zusammendrükken elastischer Objekte ein Beispiel für gebundenes Bewegen.

Dem Körper wird die Ausführung gebundener Bewegungen möglich, weil die antagonistischen Muskeln an der Bewegung teilhaben und dazu beitragen, die Aktion ständig unter Kontrolle zu halten.

AKTIONSRHYTHMEN

Jeder, der die in diesem Kapitel beschriebenen acht elementaren Antriebsaktionen »am eigenen Leib« ausprobiert hat, wird die Möglichkeit erkannt haben, mehrere Aktionen in zusammenhängender Sequenz auszuführen.

Es ist in der Tat sehr selten, daß eine einzelne isolierte Antriebsaktion produziert wird, die keinerlei Verbindung oder Beziehung zu Aktionen vor oder nach ihr hat. Fast jede Arbeitsverrichtung oder Ausdrucksgeste zeigt folgendes Schema: Vorbereitung – eine oder mehrere Hauptaktionen – Abschluß. Man kann auch solche Sequenzen oder Aktionsrhythmen experimentell untersuchen. Im folgenden werden bestimmte typische Arten solcher Rhythmen beschrieben.

Drücken-Gleiten

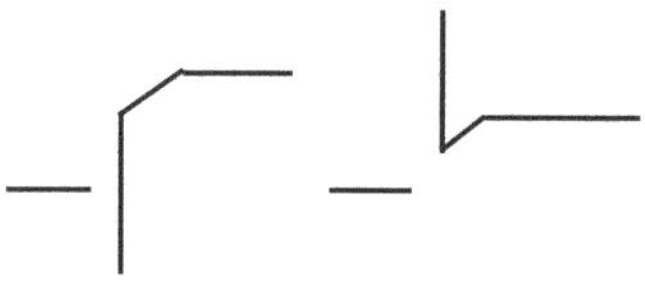

Drücken-Gleiten
ist eine Sequenz, die das Gefühl abnehmender Kraft vermittelt.

Daraus folgt, daß die umgekehrte Form

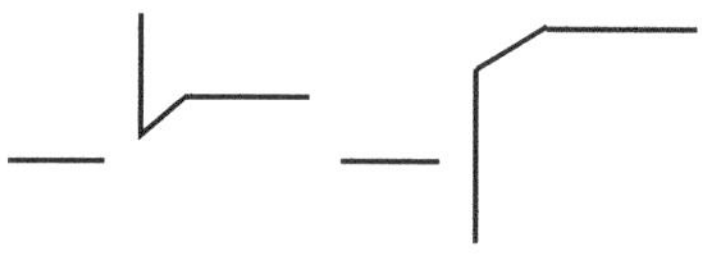

Gleiten-Drücken
ein Gefühl zunehmender Kraft hervorruft.

Ein solches Zu- oder Abnehmen ist am stärksten spürbar, wenn beide Aktionen mit demselben Teil des Körpers ausgeführt werden. Man kann jedoch auch die erste Aktion der Sequenz mit dem einen Körperteil, vielleicht einem Bein, und die zweite mit einem anderen Körperteil, beispielsweise Handfläche und Arm vollziehen. Ein mit Druck ausgeführter Schritt, der in eine gleitende Armgeste übergeht, ist eines der zahlreichen möglichen Experimente.

Im Prinzip läßt sich jede der beschriebenen Varianten des *Drückens* (1. Abschnitt) mit jeder beliebigen Variante des *Gleitens* (8. Abschnitt) kombinieren. Der Aktionsrhythmus dieser Kombination ist dann getragen – getragen; man muß sich aber gewahr sein, daß bezogen auf ein metrisches Zeitmaß eine der beiden miteinander kombinierten Aktionen von kürzerer Dauer sein kann als die andere:

Drücken (relativ lang)	–	*Gleiten* (relativ kurz, aber nie plötzlich)
Drücken (relativ kurz, aber nie plötzlich)	–	*Gleiten* (relativ lang)

Die relative Länge und Kürze der Zeitdauer können in beliebigem Verhältnis zueinander stehen.

Andere Kombinationen mit demselben Aktionsrhythmus sind

neben 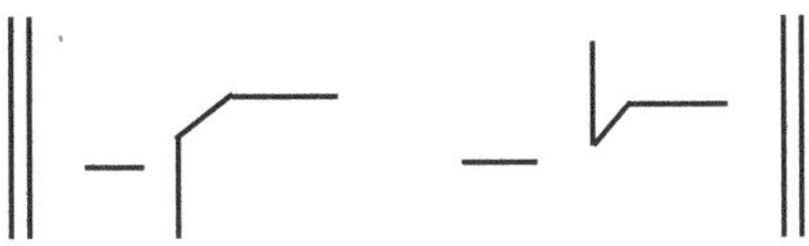 auch:

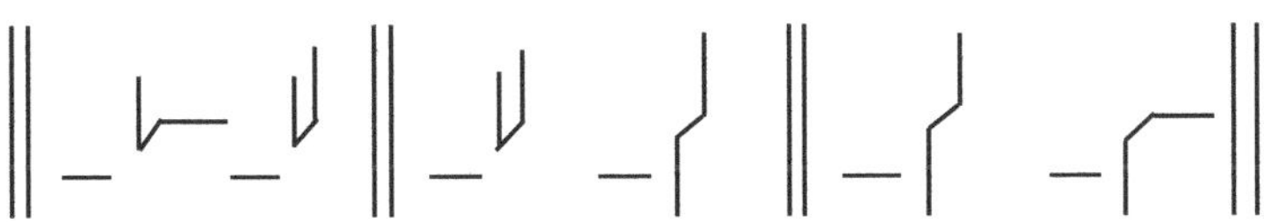

Gleiten–Schweben Schweben–Wringen Wringen-Drücken

und in umgekehrter Reihenfolge.

Schweben-Flattern

Schweben-Flattern

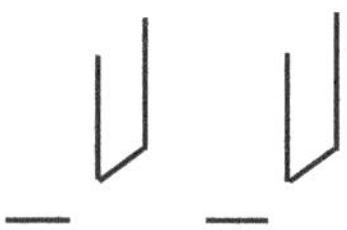

unterscheiden sich in den *Zeit*elementen, und deshalb spürt man beim Ausführen dieser Sequenz eine Steigerung der Geschwindigkeit.

Die Umkehrung

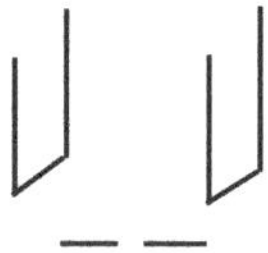

Flattern-Schweben,
führt von Plötzlichkeit zu Getragenheit und vermittelt das Gefühl abnehmender Geschwindigkeit.

Beide Aktionen, zu einer Sequenz verbunden, können mit denselben wie auch unterschiedlichen Körperteilen in Jede beliebige Raumrichtung oder Kombination von Raumrichtungen ausgeführt werden. Jede der im 2. Abschnitt beschriebenen Varianten des *Flatterns kann* mit jeder Variante des *Schwebens* aus dem 4. Abschnitt kombiniert werden. Der Aktionsrhythmus dieser Kombinationen ist dann entweder

allmählich – plötzlich
oder
plötzlich - allmählich.

Flattern ist ruckartiger als Schweben. Ein sehr kurzes Schweben wird kaum von einer Pause zu unterscheiden sein. Dies gilt natürlich für jede Aktion, in der das Zeitelement getragen, allmählich ist. Da sich das Andauern praktisch unbegrenzt ausdehnen läßt, kann eine getragene Aktion um ein Vielfaches länger dauern als eine plötzliche, schnelle Aktion. Gibt man einer drückenden, gleitenden, wringenden oder schwebenden Aktion die Dauer einer plötzlichen Aktion, dann wird sie fast als Lücke oder kleine Pause in einer Bewegungssequenz erlebt und auch vom Zuschauer als solche empfunden werden. Andere Kombinationen mit obigem Aktionsrhythmus sind

neben 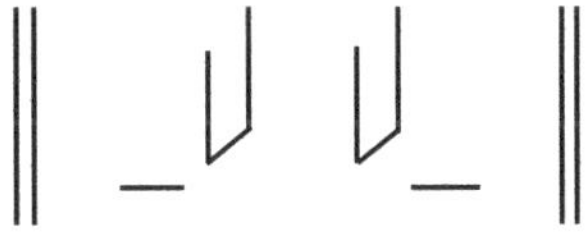 auch:

Wringen-Peitschen Drücken-Stoßen Gleiten-Tupfen

und in umgekehrter Reihenfolge.

Stoßen-Peitschen

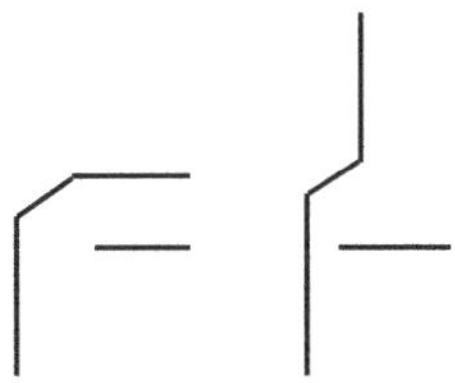

Stoßen-Peitschen ist eine Sequenz, in welcher der Wechsel von Direktheit zu Flexibilität am intensivsten erlebt werden kann.

Das Gegenteil ist der Fall In der Umkehrung dieser Sequenz:

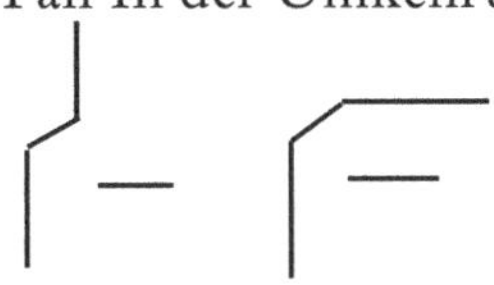

Beide Sequenzen können mit denselben wie auch unterschiedlichen Teilen des Körpers in jede beliebige Raumrichtung oder Kombination von Raumrichtungen ausgeführt werden.

Jede der im 3. Abschnitt beschriebenen Varianten des *Stoßens* kann mit jeder der Varianten des *Peitschens* aus dem 7. Abschnitt kombiniert werden. Der Aktionsrhythmus solcher Kombinationen ist dann

plötzlich – plötzlich.

Vom Metrischen her unterscheiden sich die zwei Aktionen dieser Sequenz in ihrer Dauer nicht voneinander, weil die Dauer einer plötzlichen Aktion sich nicht wesentlich verkürzen oder verlängern läßt.

Andere Kombinationen mit demselben Aktionsrhythmus sind

neben

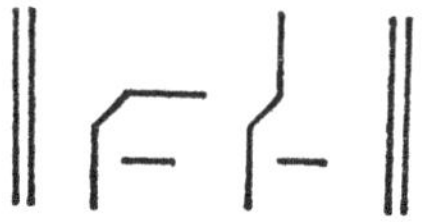

auch:

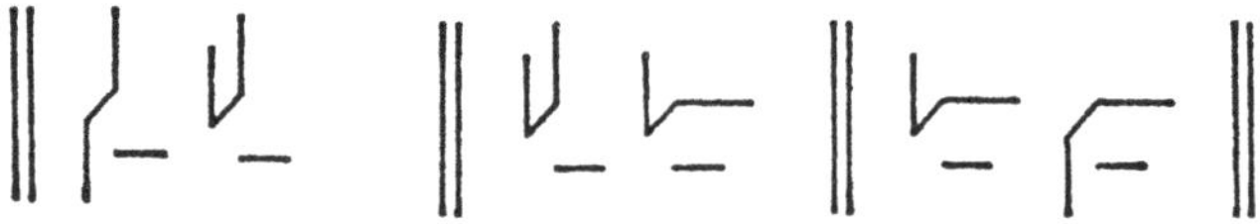

Peitschen-Flattern Flattern-Tupfen Tupfen-Stoßen

und in umgekehrter Reihenfolge.

Jede andere Kombination von zwei oder mehr Antriebsaktionen zu einer Sequenz oder einem Rhythmus ist möglich. Die Sequenzen werden charakterisiert durch den Austausch von zwei oder allen drei Grundelementen. Bei genauerem Hinsehen erkennt man, daß zwischen den einzelnen Aktionen auch dort, wo sie ineinander zu verschmelzen scheinen, immer eine manchmal kaum wahrnehmbare - Pause oder eine sehr kurze Übergangsaktion liegt. So findet man beispielsweise in Kombinationen von Drücken und Schweben häufig folgende Übergänge:

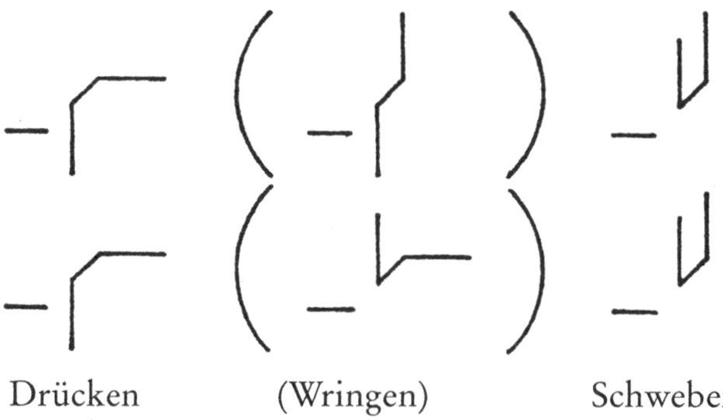

Drücken (Wringen) Schweben
Drücken (Gleiten) Schweben

Jede der im 1. bis 8. Abschnitt beschriebenen elementaren Antriebsaktionen kann beliebig mit einer anderen kombiniert werden. Wenn sie sich in mehr als einem Element (oder Energiequalität) voneinander unterscheiden, kann man zwischen ihnen eine bestimmte Übergangsaktion entdecken. Es ist ein wesentlicher Bestandteil des experimentellen Bewegungsantriebs-Studiums als Grundlage einer freien Tanztechnik, sich mit den Qualitäten dieser Übergänge vertraut zu machen.

KOMBINIERTE AKTIONEN IM ALLTAG

Bestimmte Kombinationen von elementaren-Antriebsaktionen kommen in alltäglichen Verrichtungen, im Sport und in anderen körperlichen Aktivitäten vor.

Das Werfen eines Balles oder Steines ist eine kombinierte Aktion, die mit einer schwebenden Bewegung beginnen kann, dann in einen Stoß übergeht, der vielleicht in ein Gleiten ausläuft. Das leichte Schlagen mit dem Schneebesen ist eine Kombination von Flattern, das durch eine Steigerung der Kraft zum Peitschen wird. Der Aufschlag im Tennis kann in der Sequenz Flattern-Schweben-Peitschen erfolgen, während das Bowling auf dem Rasen die Kombination Schweben-Gleiten enthalten kann. Die verschiedenen Energiequalitäten solcher Aktionen verschmelzen durch kaum sichtbare Übergänge zur jeweils nächsten Aktion der Sequenz.

PAARE UND GRUPPEN

Das Eingehen auf Aktionen einer anderen Person oder Gruppe kann gleichzeitig mit der Bewegung des Gegenübers ablaufen oder als Reaktion auf sie folgen:

Erste Person oder Gruppe		Zweite Person oder Gruppe
Drücken	gegen	Wringen
Peitschen	gegen	Flattern
Stoßen	gegen	Schweben

Die Aktionen können mit Schritten begleitet werden, die Reaktionen sich vielleicht in Sprüngen oder Drehungen vollziehen, so daß die Personen, Paare oder Gruppen einen Bodenweg ausführen. Ein Beispiel: die eine Person oder Gruppe macht einen Schritt nach vorn und stößt zu, während die andere mit einer peitschenden Drehung antwortet. Weitere Abwandlungen der Reaktion ergeben sich, wenn die »gegnerischen« Gruppen oder Paare unterschiedliche Teile des Körpers gebrauchen. So führt eine Gruppe die erste Bewegung vielleicht vor allem mit den Beinen aus, worauf die andere Gruppe mit den Armen antwortet.

Mehrere Personen oder Gruppen können aufeinander eingehen, indem z.B. eine erste die Aktionen *Schweben* und *Drücken* gegen ein *Tupfen* und *Peitschen* der zweiten richtet, während eine dritte mit *Stoßen* und *Gleiten* einsetzt. Andere Reaktionen ergeben sich, wenn eine Person oder Gruppe mit einer allmählich schneller werdenden Bewegung beginnt, während die andere Person oder Gruppe langsam zu Boden sinkt. Eine Person oder Gruppe kann sich auch mit einer Drehung und einem Sprung nähern, während die andere darauf mit ruhigem Niederknien oder Setzen reagiert. Alle Beispiele können mit Bewegungen ausgeführt werden, die aus einer einzelnen oder aus mehreren miteinander kombinierten Antriebsaktionen bestehen.

Gruppenreaktionen können auch improvisiert werden, d.h. sie können spontan entstehen oder als Reaktion auf einen Stimulus wie Musik, Wörter, dramatische Situationen, die Bewegung anderer usw. Man kann sie aber auch im einzelnen planen oder zusammenstellen, so daß jede Gruppe bewußt den Wechsel von einer Aktion zur anderen wahrnehmen kann.

Es ist vorteilhaft, Gruppenreaktionen wiederholen zu lassen, damit das Bewegungsgedächtnis trainiert wird und die Tänzer lernen, eine Bewegungssequenz ohne geistige Anstrengung zu wiederholen.

ABLEITUNGEN

Die elementaren Antriebsaktionen haben Ableitungen, die sich daraus ergeben, daß eines der Elemente besonders hervorgehoben wird. Im Diagramm wird diese Akzentuierung durch einen Punkt unter demjenigen Strich wiedergegeben, der das betonte Element zeigt:

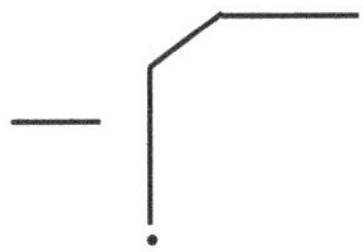

Drücken

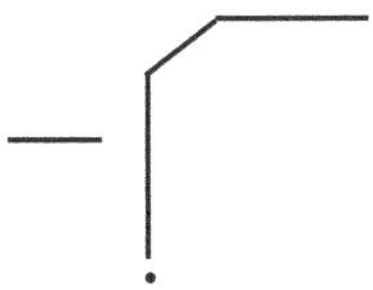

1. Ein gewaltsamer Druck , wie beim Zerquetschen ist ein Druck, in dem das Element der Kraft betont wird, die Elemente der Direktheit und Getragenheit hingegen an Bedeutung verlieren.

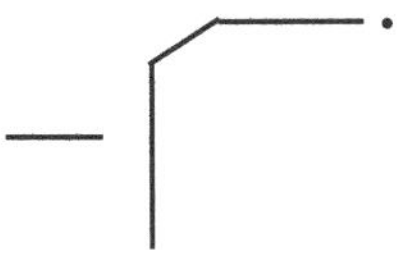

2. Direktheit des Drückens wird in dem Druck betont, den man beispielsweise beim Schneiden ausübt.

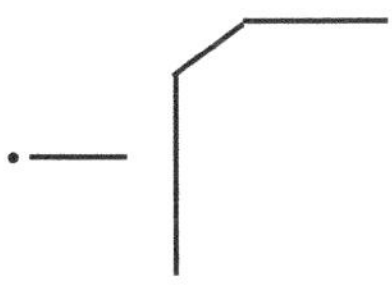

3. Wird das Andauern des Drükkens betont, so ergibt sich ein Druck wie beim Durchzwängen. Direktheit und Kraft sind hier weniger wichtig.

Flattern hat – wie alle andere Aktionen – durch Hervorhebung des einen oder anderen Elementes Ableitungen wie Klapsen, Schlackern, Schnipsen.

Peitschen weist Ableitungen auf wie Schlagen, Werfen, Reißen.

Tupfen hat Ableitungen wie z.B. Tapsen, Klopfen, schlotterndes Zucken.

Wringen besitzt Ableitungen wie Zerren, Abdrehen, Rekeln.

Gleiten hat Ableitungen wie beispielsweise Glätten, Aufstreichen, Verwischen.

Stoßen hat als Ableitungen z.B. Schieben, Durchlöchern, Rütteln.

Schweben weist Ableitungen auf wie Ausstreuen, Umrühren, Streicheln.

Einige Aktionsverben bringen eine Übersteigerung der betreffenden elementaren Antriebsaktionen oder *ihrer* Ableitungen zum Ausdruck, wie z.B. herumtappen, fummeln, sich herauswurschteln, schmeißen, brechen, humpeln, eilen usw. Andere Aktionsverben beschreiben sehr einfache Antriebsaktionen, in denen nur ein einziges Element wichtig ist, z.B. fallen, aufstehen, wachsen, zusammenschrumpfen, durchdringen, erstarren usw.

Die kleinste Muskelaktion, sogar das Zucken eines Gesichtsmuskels oder eine kaum merkliche Fingerbewegung weisen die gleichen Energiequalitäten auf und sind ebenso bedeutsam wie große Bewegungen. Der Lehrer des freien Tanzes sollte sich dieser Qualitäten jeder großen oder kleinen Bewegung in einer Tanzkomposition bewußt sein.

Fünftes Kapitel

Der Begriff der Kinesphäre

Jede Bewegung vollzieht sich mit einer Verlagerung des Körpers oder seiner Teile von einer Position im Raum zu einer anderen. Demnach läßt sich jede einzelne Bewegung zum Teil aus dieser räumlichen Positionsveränderung erklären. Mit allgemein gebräuchlichen Bezeichnungen können wir den genauen Anfangspunkt einer Bewegung benennen; gleichermaßen können wir den Punkt definieren, zu dem eine Bewegung hinführt oder an dem sie ankommt. Die Verbindung dieser zwei Punkte ist der »Weg«, den eine Bewegung nimmt.

Wo immer auch der Körper sich bewegt oder steht, ist er von Raum umgeben. Um den Körper herum befindet sich die »Kinesphäre«[11], die Bewegungskugel, deren Umkreis man mit normal ausgestreckten Gliedmaßen ohne Veränderung des Standortes – also des Ortes, auf dem das Körpergewicht ruht – erreichen kann. Die gedachte Innenwand dieses Bewegungsraums kann mit Händen und Füßen berührt werden, und alle ihre Punkte sind erreichbar.

Außerhalb dieses unmittelbaren Umraums liegt der größere oder »allgemeine« Raum, in den man nur eintreten kann, wenn man sich vom ursprünglichen Standort wegbewegt. Man verlagert dabei seinen »persönlichen« Umraum an einen neuen Standort, an eine andere Stelle im allgemeinen Raum, So verläßt man in Wirklichkeit nie seine eigene Kinesphäre, sondern trägt sie wie eine Hülle mit sich herum. Macht ein Mensch mehrere Schritte nach vorn, dann trägt er also seine Kinesphäre um die Entfernung seiner Schritte nach vorn in den allgemeinen Raum hinein.

11 Eine ausführliche Darlegung gibt der Autor in seinem Buch *Choreutics*, Macdonald & Evans, London 1966; Deutsche Ausgabe: *Choreutik – Grundlagen der Raum-Harmonielehre des Tanzes*, Wilhelmshaven 1991.

Für ihn ist sein Standort immer »unterhalb«, nie »vorn«. Er wird sich sogleich des neuen Standorts als Basis seiner Sphäre bewußt und baut von dieser Basis aus seine nächsten Bewegungen auf.

Die folgenden Bewegungsexperimente werden sich als nützlich erweisen.

Einteilung des Raums

Wir kennen drei Dimensionen als einfaches Orientierungsmittel. Jede dieser drei erdbezogenen Dimensionen hat

eine Richtung	und	eine Gegenrichtung
hoch *(h)*		tief *(t)*
rechts *(r)*		links *(l)*
vor *(v)*		zurück *(z)*.

Bezogen auf unseren Körper haben wir das Gefühl, daß diese Richtungen und Gegenrichtungen von der Mitte unserer Kinesphäre, dem Schnittpunkt der drei Dimensionen, ausstrahlen. Räumlich stellen sich diese Dimensionalrichtungen uns als flächiges Kreuz *h–t* und *l–r* dar, durch dessen Mittelpunkt die Linie *v-z* verläuft und so ein dreidimensionales Kreuz bildet:

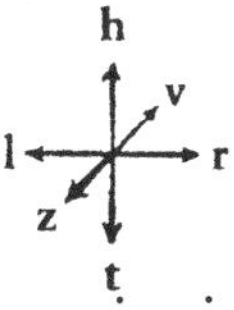

Dies Dimensionalkreuz kann in einen imaginären Kubus innerhalb des persönlichen Bewegungsumraums gestellt werden, wo sein Schnittpunkt mit dem Mittelpunkt des Kubus und des Körpers zusammenfällt.[12] Von diesem Zentrum aus verlaufen zwischen den Dimensionalrichtungen schräge Linien zu den Ecken des Kubus. Wir nennen sie Diagonalrichtungen. Es gibt vier Raumdiagonalen oder -schrägen, die jeweils von einer Ecke des Kubus zur gegenüberliegenden Ecke führen. Sie schneiden sich im Zentrum der Kinesphäre so daß wir in jeder Diagonale zweierlei erkennen können:

12 Vgl. zu folgendem Abb. 2. S. 51

eine Richtung	und	eine Gegenrichtung
hoch-rechts-vor *(hrv)*		tief-links-zurück *(tlz)*
hoch-links-vor *(hlv)*		tief-rechts-zurück *(trz)*
hoch-rechts-zurück *(hrz)*		tief-links-vor *(tlv)*
hoch-links-zurück *(hlz)*		tief -rechts-vor *(trv).*

Um zu einer feiner differenzierten Raumeinteilung zu kommen als jene es ist, die sich aus einer Einteilung in Dimensional- und Diagonalrichtungen ergibt, können wir uns noch weitere Richtungen denken, die weder dimensional noch diagonal sind. Vom Zentrum aus verlaufen zwischen je zwei Dimensional- und Diagonalrichtungen noch andere schräge Linien, jedoch zur Mitte der Kubuskanten. Ihre Richtung nennen wir »diametral«. Es gibt sechs Diametralen; sie schneiden sich im Zentrum der Kinesphäre, und in jeder Diametrale können wir zweierlei erkennen:

eine Richtung	und	eine Gegenrichtung
hoch-rechts *(hr)*		tief-links *(tl)*
rechts-vor *(rv)*		links-zurück *(lz)*
tief-vor *(tv)*		hoch-zurück *(hz)*
tief-rechts *(tr)*		hoch-links *(hl)*
rechts-zurück *(rz)*		links-vor *(lv)*
tief-zurück *(tz)*		hoch-vor *(hv).*

Kurz zusammengefaßt läßt sich bei dieser Raumeinteilung, die durch den Bezug auf einen imaginären, in unsere persönliche Kinesphäre gestellten Kubus geschaffen wurde, folgendes unterscheiden:

Das Dimensionalkreuz strahlt vom Körpermittelpunkt in die Mitte der einzelnen Kubusflächen aus. Die vier Raumdiagonale verbinden die gegenüberliegenden Eckpunkte des Kubus miteinander. Die sechs Diametralen führen zu den Kanten des Kubus und halbieren sie. Alle daraus entstehenden 26 Raumrichtungen strahlen vom Zentrum Z aus, welches der 27. Orientierungspunkt ist.

Wege im persönlichen Raum

Die Raumeinteilung zeigt bezogen auf den sich bewegenden Körper, daß die Gliedmaßen sich von jedem der 27 Orientierungspunkte zu einem anderen bewegen können. Die Bewegungen werden dabei entweder geraden oder leicht kurvigen Wegen folgen. Letzteres wird vor allem dann der Fall sein, wenn die Punkte so liegen, daß sich der Körper zwischen ihnen befindet und die Bewegung um ihn herumgeführt werden muß.

So kann z.B. der Weg von *z* nach *v* von einem Arm nicht auf direktem Weg ausgeführt werden, da sich der Körper zwischen *z* und *v* (in Z) befindet. Deshalb muß sich der Arm um den Körper herumbewegen, natürlich so dicht wie möglich, damit die Hauptrichtung beibehalten wird. Alle Wege, die durch die Körpermitte führen, müssen in solchen leicht kurvigen Linien vollzogen werden.

Andere Wege, wie beispielsweise *z* nach *r* oder *r* nach *v*, können vom rechten Arm geradlinig ausgeführt werden, weil kein Hindernis dazwischen liegt. Alle Wege, die nicht durch die Körpermitte gehen, können, müssen aber nicht geradlinig ausgeführt werden. Bei flüssigen Bewegungen rundet man für gewöhnlich die Ecken durch leicht gerundete Bewegungen ab, die sich von eckigen, aus einer Verbindung gerader Linien bestehenden Bewegungen unterscheiden und auch von solchen, bei denen die Orientierungspunkte jeweils stark betont werden.

Einige Grundmuster sind leicht zu erkennen. Bewegungen, die zwei Punkte verbinden, bilden eine gerade Linie:

lz–rv
lz–hv
lz–hl

Bewegungen, die drei Punkte verbinden, bilden einen Winkel:

lz–rv–tz
lz–hv–tr
lz–hl–hz

Bewegungen, die drei Punkte verbinden und zum Ausgangspunkt zurückkehren, bilden ein Dreieck:

lz–rv–tz–lz
lz–hv–tr–lz
lz–hl–hz–lz

Bewegungen, die vier Punkte verbinden und zum Ausgangspunkt zurückkehren, bilden ein Viereck:

lz–hv–rv–tz–lz
lz–lv–rv–rz–lz

Kehrt man nach einer Reihe beliebig vieler Punkte zum Ausgangspunkt zurück, wird eine geschlossene Linie ausgeführt. Geschlossene Linien oder Ketten können fließend, d.h. mit weichen Übergängen, aber auch eckig, d.h. mit betontem und scharfem Richtungswechsel ausgeführt werden, Eine geschlossene Kette, die alle Dimensionalpunkte verbindet, ist beispielsweise:

l–h–z–r–t–v–l

Es entsteht eine sechsgliedrige Kette, die entlang den Kanten eines Oktaeders verläuft. Mehrere solcher Kantenreihen existieren, die alle Dimensionalpunkte miteinander verbinden. Eine geschlossene Kette, die alle Diagonalpunkte verbindet, ist beispielsweise:

hrv–trv–tlv–hlv–hlz–tlz–trz–hrz–hrv

Es entsteht eine achtgliedrige Kette, die entlang den Kanten eines Kubus verläuft. Mehrere solcher Kantenreihen existieren, die alle Diagonalpunkte miteinander verbinden. Eine geschlossene Kette, die alle Diametralpunkte verbindet, ist beispielsweise:

hr–rv–tv–tr–rz–tz–tl–lz–hz–hl–lv–hv–hr

Es entsteht eine zwölfgliedrige Kette, die entlang den Kanten eines Kubo-Oktaeders verläuft. Mehrere solcher Kantenreihen existieren, die alle Diametralpunkte miteinander verbinden; wir nennen sie »primäre Ketten« oder »Urskala«. Alle primären Ketten der zwölf Diametralpunkte zeigen in der räumlichen Beziehung der einzelnen Punkte zueinander eine bestimmte Ordnung, die durch die Zahl der Kettenglieder oder die Intervalle zwischen den betreffenden Punkten bestimmt werden kann.

Bewegungen können auf Linien ausgeführt werden, die jeden beliebigen Punkt mit irgendeinem anderen verbinden, beispielsweise:

hr–rv
hr–tv
hr-tr usw.

Verbinden Bewegungen Punkte der primären Kette, die vier Glieder oder Intervalle voneinander entfernt liegen, dann bilden sie ein gleichseitiges Dreieck.

Wenn man sich z.B. vom ersten Punkt der obengenannten zwölfgliedrigen Kette zum fünften, neunten und schließlich zurück zum ersten Punkt bewegt, wird folgendes Dreieck ausgeführt.

hr–rz–hz–hr

Verbinden Bewegungen Punkte derselben Kette, die drei Glieder oder Intervalle voneinander entfernt liegen, dann bilden sie regelmäßige Vierecke. Wenn man sich z.B. vom ersten Punkt zum vierten, siebten, zehnten und schließlich zurück zum ersten Punkt bewegt, wird folgendes Viereck ausgeführt:

hr-tr-tl-hl-hr

Man kann die Bewegung an einem beliebigen Punkt der Kette beginnen, und wenn sie über Abstände von vier Intervallen fortgeführt wird, wird immer eine geschlossene Linie entstehen, die Dreieckscharakter hat, während über drei Intervalle ein Viereck gebildet wird. Bewegungen über fünf Intervalle hinweg vollziehen eine sternförmige Kette aus zwölf Gliedern, die eine geschlossene Linie innerhalb des Kubo-Oktaeders ergibt. Hierbei durchquert jedes Glied der Sternform die Kinesphäre, vermeidet jedoch den Weg durch das Zentrum. Wenn man z.B. die Kantenreihe der Urskala mehrfach ausführt und dabei die Bewegung vom ersten Punkt zum sechsten-elften-vierten-neunten-zweiten-siebten-zwölften-fünften-zehnten-dritten-achten fortsetzt und schließlich wieder zum ersten Punkt kommt, wird folgende sternförmige Kette ausgeführt, die für das Oben harmonischer Bewegung von großer Bedeutung ist:

hr–tz–lv–tr–hz–rv–tl–hv–rz–hl–tv–lz–hr

Raumzonen der Gliedmaßen

Beim Ausführen solcher Raumwege oder Teile von Raumwegen wie auch jeder anderen Raumform einer Bewegung, die beliebig gewählte Punkte miteinander verbinden, wird man auf mehr oder weniger Schwierigkeiten stoßen, je nachdem, ob man den rechten oder linken Arm benutzt. Einige Bewegungen lassen sich nur unter erheblichen Verdrehungen des Körpers ausführen. Es gibt jedoch keine Sequenz oder Kombination, die man nicht ausführen könnte, wenn der Rumpf entsprechend geneigt und verdreht wird und die Beine genügend gebeugt und gestreckt werden. Solche Bewegungen sollten ohne Umdrehung, also ohne Veränderung der Fußstellung gemacht werden. Bei jeder Bewegung muß einer der Füße immer seine Ausgangsstellung am ursprünglichen Standort beibehalten oder wiedereinnehmen.

Die höchsten Punkte in der Kinesphäre mit dem Fuß zu erreichen ist ein akrobatisches Kunststück, das man versuchen kann, aber nicht ohne hartes Training erreichen wird. Die höchsten normalerweise mit Beinbewegungen zu erreichenden Punkte sind *rv, rz, lv, lz*. Die Punkte, die leicht von jedem der Gliedmaßen zu erreichen sind, umreißen die normale Raumzone der betreffenden Extremität. Man kann daher sowohl eine

Raumzone des rechten oder linken Armes als auch des rechten oder linken Beines unterscheiden. Es ist ein Zeichen größerer Beweglichkeit, wenn man in der Lage ist, das Ausmaß dieser Raumzonen zu erweitern.

Wege durch den allgemeinen Raum

Das Verlagern der Kinesphäre von einem Platz zum anderen mit einer beliebigen Anzahl von Schritten kann geradlinig oder auf kurvigen Wegen erfolgen. Auch mit einem Sprung kann sie an einen neuen Platz verlagert werden.

Springt man auf der Stelle und streckt die Arme dabei weit in die Dimensionalrichtung *h* oder in beide Diametralrichtungen *hr* und *hl* zugleich, dann scheinen sie über die Kinesphäre hinauszureichen, in Wirklichkeit aber ist der persönliche Bewegungsumraum für einen Augenblick vom Boden in die Luft gehoben worden. Sprünge in Diametral- und Diagonalrichtungen führen zu einem Emporheben der Kinesphäre vom Boden weg als auch zu Wegen durch den allgemeinen Raum. Nach jedem Sprung erreicht man einen neuen Platz oder Standort. Die Kinesphäre kann nicht nur verlagert werden, sie kann auch – bezogen auf die äußere Umgebung – gedreht werden. Nach einer halben Drehung werden sich die Körperfront und damit alle Vor-Richtungen (*v, rv, lv, tv, hrv, lhv, trv, tlv*) auf den Bereich hin orientieren, in den zuvor alle Zurück-Richtungen führten. Bei einer ganzen Drehung erlangen alle Vor-Richtungen wieder ihre ursprüngliche Beziehung zum umgebenden Raum. Mit Drehsprüngen kann zugleich eine Verlagerung wie auch eine Frontveränderung der Kinesphäre vollzogen werden.

Bewegungen nach allen Richtungen und Richtungsverbindungen können unterschiedliches Ausmaß erhalten:

normal	–	wenn die betreffende Richtung vom aktiven Körperteil leicht zu erreichen ist
eng oder klein	–	wenn das Ausmaß weniger als die Hälfte des normalen Ausmaßes umfaßt,
weit oder groß	–	bei außergewöhnlicher Streckung.

Das Zentrum Z ist ein Orientierungspunkt wie jeder andere. Es ist oft der Ausgangspunkt, kann aber auch in eine Richtungsverbindung einbezogen werden. Das Körperzentrum wird bei Verlagerung des Bewegungsumraums durch Schritte oder Sprünge fortbewegt, es kann aber auch gesenkt werden, was dann zum Beugen der Knie, zum Kauern, Sitzen und Liegen führt. Die Richtung Z zielt immer in das Körperzentrum. Wenn beim Kauern die Arme auf Z gerichtet werden, dann bildet dies eine eng zusammengezogene Form der Kinesphäre.

Bewegungen entlang einer Linie oder Kette aus aufeinanderfolgenden Richtungen können entweder fliegend oder eckig ausgeführt werden. Bei fließender Ausführung wird gewöhnlich die Betonung mehr auf die Wege gelegt, bei eckiger auf die Punkte.

Jede Verlagerung des Körpers oder seiner Teile von einer Stellung im Raum zu einer anderen benötigt Zeit. Demnach wird jede Bewegung außer von ihrer Raumform auch durch die von ihr beanspruchte Zeitspanne charakterisiert. Wir können die Dauer einer Bewegung in Beziehung zu einer der vorhergehenden oder folgenden Bewegungen setzen. Diese Beziehung nennen wir den Zeit-Rhythmus der Bewegung. Ein Rhythmus besteht aus zwei oder mehr Zeitabschnitten aufeinanderfolgender Bewegungen. Sie können von gleicher oder unterschiedlicher Länge sein.

Die Bewegung beginnt an einem Punkt im Raum und führt über einen oder mehrere Punkte weiter, bis der Endpunkt erreicht ist. Jeder Abschnitt des Weges von Punkt zu Punkt dauert eine bestimmte Zeit. Wird die Bewegung angehalten, dann ist ihre Reise durch Raum und Zeit zu Ende. Der Beginn einer neuen Bewegung führt durch weitere Abschnitte von Raum und Zeit bis zum nächsten Halt. Ein Halt unterbricht die Bewegung im Raum, ihr Andauern in der Zeit aber kann Teil der rhythmischen Entwicklung einer Bewegungssequenz darstellen und gemessen werden, indem man sie auf vorausgegangene oder nachfolgende Zeitabschnitte der Bewegung im Raum bezieht.

Jede Bewegung wird durch zwei Faktoren geprägt: die durch Abschnitte im Raum geschaffene Raumform und die durch Abschnitte in der Zeit geschaffenen Rhythmen, welche beide vom Körper oder seinen Teilen ausgeführt werden. Der Weg zwischen zwei oder mehr Punkten im Raum charakterisiert die Raumform einer Bewegung. In einigen ihrer Abschnitte -besonders in solchen, die einen deutlichen Richtungswechsel enthalten - kann ein Zunehmen der Muskelanspannung bemerkt werden, das in der Bewegungsphrase Akzente setzt. Akzente geben einigen Teilen der Raumform einer Bewegung bestimmtes Gewicht. Akzentuierte oder betonte Bewegungen können als kräftig, unbetonte als zart angesehen werden.

Die miteinander verbundenen Elemente von Kraftspannung und Zeit zeigen sich deutlich in musikalischen Rhythmen. Das Element der Raumausbreitung, wie es in der Raumform einer Bewegung sichtbar wird, ist in diesem Fall dem musikalischen Rhythmus untergeordnet. Hier wird das Element der Zeitdauer in höchst differenzierter Weise verwendet. In der Musik werden Rhythmen durch die Notenschrift, in der Dichtung durch die prosodische Notation wiedergegeben; beide Aufzeichnungsweisen kann der Tänzer in seiner Arbeit benutzen.

Rhythmus ist jedoch nur ein Teil der Musik, eine Art Gerüst, um welches sich der Hauptgehalt musikalischer Kompositionen, die Melodien und Harmonien, aufbaut. In der musikalischen Begleitung von Tanz treten die Melodien und Harmonien oft in den Hintergrund, und die Bedeutung des Rhythmus nimmt zu. Reine Rhythmusinstrumente wie Trommeln und anderes Schlagwerk werden verwendet, um hörbare Rhythmen ohne Melodien und Harmonien zu erzeugen. Rhythmische Musik ist ein Anreiz zum Bewegen, aber erst wenn ein ganz durchgebildeter Bewegungsablauf mit einer bestimmten Komposition von Raumformen und Energiequalitäten um den Rhythmus herum aufgebaut worden ist, kann man von eigentlichem Tanz sprechen.

Der moderne Tänzer komponiert häufig erst die Raumform und den Ablauf der Bewegungsaktionen und paßt dann die Begleitung – hörbare Rhythmen oder Musik – seiner Bewegungserfindung an. Tänze ohne jede Begleitung sind möglich und mit

Erfolg aufgeführt worden. Von kurzlebiger Popularität sind Interpretationen musikalischer Werke, die nicht speziell für das Tanzen geschaffen worden sind. Sehr selten entstehen aus einer solchen Interpretation Tänze von bleibendem Wert.

Eine der drei Energiequalitäten einer Antriebsaktion tritt vielleicht in dieser in so ausgeprägter Form hervor, daß die beiden übrigen völlig in den Hintergrund gedrängt werden. So kann es geschehen, daß eine Bewegung vor allem als kräftig oder zart auf uns wirkt, weil weder ihre Raum- noch Zeitqualität irgendwie betont ist. Auch kann es vorkommen, daß zwei Energiequalitäten betont sind und die dritte bedeutungslos bleibt. Solche »unvollständigen« Aktionen treten häufig als Übergang zwischen den elementaren Antriebsaktionen auf.

Abschließend sei festgestellt, daß man eine Bewegung als Zusammensetzung ihrer Raumformen und Rhythmen beschreiben kann, die beide nur ein Teil des gesamten Bewegungsflusses sind, in dem die Kontrolle der sich bewegenden Person über die Bewegungsantriebe sichtbar wird.

Es gibt unbegrenzte Variationsmöglichkeiten für Tanzphrasen, die man aus verschiedenen Kombinationen der acht elementaren Antriebsaktionen gestalten kann sowie aus Variationen der Beingesten, Schritte, Sprünge und Drehungen, die auf verschiedenartigen Bodenwegen in eine Vielfalt von verschiedenen Raumrichtungen führen können. Diese Phrasen sollten zuerst einfach sein und nur allmählich zu komplexeren Formen entwickelt werden. Sie können jede denkbare Kombination von Bewegungen einschließen, wie sie in der Bewegungskunst und in den Aktivitäten des täglichen Lebens verwendet werden. Tanzstil aller Zeiten und Länder enthalten solche Bewegungskombinationen, und viele neue Formen lassen sich erfinden. Auch ein besseres Verständnis für historische Tänze kann gewonnen werden, wenn man sie auf ihren Gehalt an elementaren Antriebsaktionen und genauen Raumrichtungen untersucht.

Sechstes Kapitel

Die Bewegungsbeobachtung

Ein erfrischendes Bad in der See ist wunderbar und gut für die Gesundheit, aber kein Mensch könnte ständig im Wasser leben. Ganz ähnlich ist es mit dem gelegentlichen Eintauchen in den Fluß der Bewegung, das wir Tanz nennen. Ein solches Bad, das in vielerlei Hinsicht Körper, Geist und jenen von Träumen erfüllten Teil unseres Seins, den man Seele nennt, erfrischt, ist ein außergewöhnliches und belebendes Vergnügen. Wie das Wasser ist auch der Bewegungsfluß lebenserhaltend. Es mag angebracht sein, diesen Vergleich ein wenig weiter auszumalen, weil dies langwierige Erklärungen ersparen kann. Wasser ist in unseren Adern, in unserer Nahrung. Wasser reinigt unseren Körper und unsere Umgebung. Wasser ist ein Transportmittel, unsere Schiffe fahren auf ihm, und Wasser ist notwendig zum Betreiben von Maschinen. Der Fluß der Bewegung erfüllt all unsere körperlichen Funktionen und unsere Handlungen, er setzt die uns schädlichen inneren Spannungen frei; er ist ein Mittel der zwischenmenschlichen Kommunikation; denn all unsere Ausdrucksformen wie Sprechen, Schreiben und Singen werden vom Bewegungsfluß getragen.

Tanz, im Sinne eines völligen Eintauchens in den Bewegungsfluß bringt uns daher in engere Berührung mit einem Medium, das alle unsere Aktivitäten trägt und durchdringt. Daraus ergibt sich, daß der erzieherische Wert des Tanzes zum Teil auf der umfassenden Rolle beruht, die der Bewegungsfluß in allen Bereichen unseres Lebens spielt, und zum Teil auf dem Prozeß des völligen Eintauchens in das Medium des Tanzes, den Bewegungsfluß. Der eine Nutzen des Tanzes bezieht sich auf das Körperliche: übt sich das Kind im Gebrauch des Bewegungsflusses, dann wird es seine Beweglichkeit für alle praktischen Anforderungen des täglichen Lebens einsetzen können. Diese Hilfe bekommt noch mehr Gewicht durch die Tatsache, daß man im modernen Ausdruckstanz die gleichen Bewegungsarten verwendet wie beim Arbeiten, wenn auch in anderer Weise und Anordnung. Anstelle von Gegenständen trägt man den Körper durch den Raum, und während bei der Arbeit Gegenstände geschlagen, gedrückt und verdreht werden, geschieht im Tanz das Schlagen, Drücken und Verdrehen um seiner selbst willen. Beim Tanzen übt sich das Kind in der flüssigen Ausführung vieler Körperaktionen die im praktischen Alltagsgeschehen vorkommen; so erhält es eine wertvolle Vorbereitung auf die verschiedenartige Beanspruchung seines Körpers im täglichen Leben. Das völlige Eintauchen in ein so wesentliches Medium des Lebens wie die Bewegung hat den Vorteil, daß es die Erfahrung mit praktisch verwendbaren Körperaktionen vergrößert.

Darüber hinaus gibt es im Tanz noch etwas, was in größere Tiefen reicht. Wie bei jeder künstlerischen Tätigkeit werden Lebenserfahrungen vermehrt, und zwar im Tanz durch die Konzentration auf bestimmte Rhythmen und Raumformen der Bewegung. Das Kind wird sich der Besonderheiten des Ausdrucks bewußt, und dies ist eine unerläßliche Voraussetzung für die Klarheit und Genauigkeit aller Formen von Ausdruck und zwischenmenschlicher Kommunikation.

Der soziale Wert des Tanzens ist stark durch die besondere Eigenart dieser Kunst bedingt, nämlich den Ausdruck präzise und so für unsere Mitmenschen verständlich zu machen. Nicht nur die großen Bewegungen, die manchmal Arbeitshandlungen ähneln, sondern auch all jene feineren Nuancen von ganz kleinen Muskelbewegungen, wie sie z. B. in Gesicht und Händen auftreten, sind sehr ausdrucksstark und daher kommunikativ. Die individuelle Vorliebe eines Menschen für gewisse Bewegungsformen, ob bewußt oder unbewußt gezeigt, enthüllt ganz bestimmte Züge seiner Persönlichkeit. Sozial wünschenswerte Verhaltensaspekte können leichter von einem Lehrer erkannt und gefördert werden, der gelernt hat, Bewegung zu beobachten und zu interpretieren.

Wir alle meinen, die Handlungen anderer mit genügender Genauigkeit zu beobachten, so daß wir die beobachteten Personen verstehen und einschätzen können. In Wirklichkeit aber werden wir dabei von manchen Faktoren beeinflußt, die uns von dem ablenken, was tatsächlich zu sehen ist. Vorgefaßte Meinungen und Erwartungen, der Hang zur Kritik oder eine zu lebhafte Phantasie, all dies verdunkelt die einzigen Fakten, die wir haben – die Bewegung einer Person, so wie sie ausgeführt wurde, ohne jeden Bezug zu ihrem Resultat, sei es produktiv, destruktiv oder kommunikativ.

Die Bewegung kann für sich allein genommen mit Begriffen des Bewegungsantriebs beschrieben werden, ohne Vorurteil, Wertung oder Kritik. Diese innere Haltung ist wichtig für einen Lehrer, der seine Schüler vielleicht nur von einer Seite her kennt, denn so kann er vor den obengenannten Gefahren auf der Hut sein. Lehrer aller Fachrichtungen werden die Bewegungsbeobachtung als Hilfe erkennen, wenn sie diese für ihr eigenes Bewegungsverhalten anwenden, so daß miteinander in Konflikt liegende Gewohnheiten im Gebrauch von Energiequalitäten in mehr harmonische Zusammensetzungen umgewandelt werden können. Ein Lehrer, der in der Lage ist, die Energiequalitäten seiner eigenen Bewegungen auf die seiner Schüler abzustimmen, hat darin einen großen Vorteil bei der Erfüllung seiner pädagogischen Aufgabe.

Ein wirkliches Verständnis der Bewegungsfaktoren und der inneren Einstellung des Menschen zu ihnen ist notwendig, ehe der Lehrer seine Einschätzungen zum eigenen Nutzen oder zum Nutzen seiner Schüler gebrauchen kann. Die unterschiedlichen Kombinationen der inneren Einstellung gegenüber *Raum, Zeit* und *Schwerkraft* ergeben die verschiedenen Antriebsaktionen. Die Fähigkeit, all diese Antriebsaktionen ausgewogen zu verwenden, ist von Mensch zu Mensch sehr unterschiedlich entwickelt. Oft ist eine stark eingeschränkte Auswahl von Energiequalitäten im Ausdruck zu beobachten, obgleich der gesunde Mensch zumindest bis zu einem gewissen Grad – das Potential zu allseitiger Entfaltung seiner Energiequalitäten und damit Ausdrucksmöglichkeiten in sich trägt. Sollte bei einem Menschen nur eine charakteristische Art von Antriebskombination, wie beispielsweise *Stoßen* oder *Peitschen* vorkommen, worin er ständig gegen *Zeit* und *Schwerkraft* ankämpft, so wird es sich um einen unausgeglichenen Menschen mit einseitiger Erfahrung der Energiequalitäten handeln. Angenommen ein Lehrer zeigt solche Merkmale, dann ist eine häufig bei den Schülern zu beobachtende Reaktion, daß ihre spontanen Bewegungsantriebe verdrängt werden und sie sich mürrisch oder eingeschüchtert zeigen. Dies ist natürlich ein extremes Beispiel für einen Konflikt zwischen den Energiequalitäten des Lehrers und denen der Klasse. In einem anderen Fall wird möglicherweise ein Lehrer mit leichten, zaudernden und vorsichtigen Bewegungen schnell von der Klasse als seiner selbst und seiner Sache nicht sicher eingestuft. Kinder haben ein natürliches Wahrnehmungsvermögen für die Qualität von Antriebskräften und reagieren sehr schnell auf diese sichtbaren äußeren Anzeichen für die innere Verfassung ihres Lehrers.

Ein Lehrer kann lernen, seine Energiequalitäten so ausgewogen zu gebrauchen, daß sie den Bedürfnissen der Klasse angemessen sind; er wird Festigkeit und stark kontrollierte Bewegungen mit gebundenem Fluß nur wenn nötig hervorkehren, damit die Kinder frei und ohne Scheu ihre eigenen Energiequalitäten entfalten können und so eine größere Vielfalt von Bewegungsantrieben erfahren.

Wir sehen also, daß das systematische Studium des Bewegungsantriebs nicht nur für einen Lehrer von Belang sein sollte, der Tanz, Turnen, Sport oder Gymnastik unterrichtet - es ist ebenso wichtig für einen Lehrer der wissenschaftlichen Fächer. Oft gewinnt es hier sogar noch mehr an Bedeutung, denn durch das Sitzen an seinem Pult ist das Kind in seiner Bewegungsfreiheit beschränkt und kann bestenfalls mit der Stimme »Dampf ablassen«, während in Stunden mit körperlicher Betätigung die Energien ein natürliches Ventil finden.

Wenn wir erkennen, daß Bewegung das Wesen allen Lebens ist und daß jede Form von Ausdruck – sei es Sprechen, Schreiben, Singen, Malen oder Tanzen – die Bewegung als einen »Vermittler« benutzt, dann müssen wir einsehen, wie wichtig es ist, die Bewegung als Ausdruck der in uns lebendigen Energie zu verstehen. Dies kann durch das Studium des Bewegungsantriebs bewirkt werden. Nehmen wir an, der Lehrer hat sich solide Grundkenntnisse angeeignet und auf sich selbst angewendet- Da er nun weiß, daß dieselben Antriebskomponenten und -kombinationen sowohl in geistiger wie auch körperlicher Anstrengung auftreten, ist er in der Lage, die Stimmung der von ihm unterrichteten Klasse zu verstehen. Er muß nicht länger die schwere, apathische Stimmung einer trägen Klasse als unabänderlich hinnehmen, sondern kann versuchen, eine aktivere Einstellung der Schüler zur Bewegung und ihren Antriebskräften anzuregen. Im Umgang mit einer lebhaften, unruhigen Klasse sind wiederum bestimmte andere Energiequalitäten angebracht. Der Lehrer muß jedoch die vorhandene Stimmung bewußt wahrnehmen, ihr genügend Spielraum lassen und dann allmählich die Haltung der Klasse durch sein eigenes Vorbild zu verändern suchen.

Dem einzelnen Kind kann viel Hilfe zuteil werden, wenn ein Lehrer die Bewegungen des Kindes vorurteilsfrei und mit Verständnis sehen kann. Ein Kind mit lethargischen und schweren Bewegungen ist vielleicht nicht faul, sondern genießt es, Zeit zu haben und sie auszukosten; ihm muß man helfen, eine aktive Einstellung zur Zeit zu finden. Man wird es im Tanz die elementaren Antriebsaktionen *Peitschen, Stoßen, Tupfen* und *Flattern* erleben lassen, die Schnelligkeit entwickeln und durch das Hervorrufen einer ungewohnten Empfindung dem Kind helfen werden, seine Energiequalitäten auszubalancieren.

Wir haben noch nicht in vollem Umfang die bedeutende Auswirkung erkannt, die eine Aktion auf den inneren Zustand der ausführenden Person hat. Bewegung kann Stimmungen inspirieren, die je nach der Intensität des Bewegungsantriebs mehr oder weniger stark empfunden werden.

Obwohl es nur acht elementare Antriebsaktionen gibt, lassen sich doch eine Vielzahl wechselnder Schattierungen zwischen diesen acht Primäraktionen unterscheiden, die genau wie Primärfarben in unterschiedlicher Menge miteinander gemischt werden können, um Zwischentöne zu erzielen.

Beobachten wir ein Kind, so sehen wir, wie seine Bewegungen von einer Antriebsaktion zur anderen wechseln, manchmal allmählich und harmonisch, manchmal abrupt und ohne ersichtliche Beziehung zur vorhergegangenen Bewegung. Diese Wechsel oder Veränderungen sind wichtig, da sie das Vorhandensein oder Fehlen des Flusses beim Übergang von einer Aktion oder seelischen Verfassung zur nächsten anzeigen. Ein harmonischer Übergang wäre von einer pressenden zu einer gleitenden Bewegung, da die innere Einstellung zu *Zeit* und *Raum* in beiden Aktionen gleichbleibt und sich nur die Einstellung zur *Schwerkraft* verändert. Der Wechsel von *Drücken* zu *Flattern* bewirkt eine veränderte Einstellung zu allen drei Bewegungsfaktoren und kann nicht ohne Übergang vollzogen werden. Ein abrupter Wechsel von einer Antriebsaktion zu ihrem völligen Gegensatz deutet auf eine Unstimmigkeit in der geistigen, seelischen und körperlichen Verfassung des Kindes. Erkennt man diese Unstimmigkeit aber, dann kann man das Kind dahin führen, daß es lernt, harmonische Übergänge zwischen den einzelnen Aktionen zu gebrauchen.

Man kann nicht genug betonen, daß die vorn Kind erlebten Bewegungen eine deutliche Auswirkung auf sein Inneres haben. Darum können durch seine Bewegungen verschiedene Emotionen geweckt werden, deren Intensität sich nach der Intensität des jeweiligen Bewegungsantriebs richtet. Kleine, unbewußte Bewegungen von Gesicht und Händen oder einzelnen Körperteilen sind genauso Ausdruck der seelischen Verfassung des Kindes und haben die gleiche Auswirkung auf sein Inneres wie große Bewegungen, wie sie beispielsweise bewußt in einer aktiven Bewegungsstunde ausgeführt werden. Daraus ergibt sich, daß ein Lehrer, dessen Schüler im Klassenraum an Pulten sitzen, dem einzelnen Kind und der Klasse als Ganzem durch ein Verständnis dieser Zusammenhänge ebenso helfen kann wie der direkt mit Bewegung arbeitende Turn-, Sport- oder Tanzlehrer. Ein Lehrer der wissenschaftlichen Fächer sollte die durch Bewegung zum Ausdruck gebrachten Energiequalitäten wahrnehmen, und der Tanzlehrer muß sich vergegenwärtigen, daß in jeder Aktivität geistige Energiequalitäten mitspielen.

Es ist schwierig, ohne langjährige Erfahrung Bewegung genau zu beobachten und in ihrer vollen Bedeutung zu erfassen. Der Lehrer kann jedoch sein Wissen erst einmal auf sich selbst anwenden und seine eigenen Bewegungsantriebe so exakt und leidenschaftslos wie möglich analysieren. Was der Lehrer selbst »fühlt«, ist natürlich nicht immer zuverlässig, viele Bewegungsgewohnheiten sind zudem unbewußt. Es ist leichter, andere zu beobachten, als sich selbst zu korrigieren. Ein Lehrer, der die beste Ausbildung genossen hat, wird vielleicht erstaunt sein, nach gründlicher Selbstbeobachtung ein gestörtes Gleichgewicht seiner Energiequalitäten zu entdecken. So kämpft er möglicherweise ständig mit hastigen Bewegungen gegen die Zeit an; er mag fortwährend mit weitausholenden geistigen und körperlichen Aktionen den Raum auskosten, oder er ist vielleicht gesetzt und schwerfällig und überläßt sich seiner Gewichtigkeit. Jedes dieser Beispiele zeigt die starke Betonung eines einzelnen Aspekts des Bewegungsantriebs, was für den Unterrichtenden wie auch für die Schüler nachteilig ist.

In der künftigen Ausbildung von Pädagogen sollte sichergestellt sein, daß die Studenten für ihr Leben und ihren Beruf so vorbereitet werden, daß sie nicht allein nach intellektuellen Leistungen oder körperlichen Fertigkeiten streben. Vielmehr sollten sie die verschiedenartigen menschlichen Bewegungsantriebe wahrnehmen lernen, die der gemeinsame Nenner aller geistigen und körperlichen Aktivität sind, und sie für die Entwicklung ihrer Persönlichkeit in ein integriertes Ganzes nutzbar machen. Dann werden sie besser für ihre Aufgabe gerüstet sein, Kindern durch ein Verstehen von Bewegung – der Manifestation jeden Lebens – zu helfen, in sich selbst und in ihrer Beziehung zu anderen glücklich zu sein.

Jemand, der während seiner Schulzeit nicht das »Eintauchen« in den alles durchströmenden Fluß der Bewegung schätzengelernt hat, weiß nicht, daß ein solcher Fluß existiert. In der Erziehung ist man heutzutage bemüht, diesem Zustand abzuhelfen: der musischen Erziehung wird mehr Aufmerksamkeit zuteil, und sogar der Tanz ist wieder in die Schule zurückgekehrt.

In den komplexeren Formen des Tanzens, wo ein ganzes Werk geschaffen und aufgeführt wird, lernt das Kind jene höhere Synthese von Ausdrucksmitteln zu erfassen, aus denen Kunstwerke bestehen. Gelegenheit dazu bieten Solo- oder Gruppentänze. Bei beiden wird der Tanzende in das fast architektonisch aufgebaute Ganze einer Bewegungskomposition hineingenommen, wodurch sein Geschmack gebildet wird, d.h. seine Fähigkeit, das Bewegungsgeschehen und Gruppierungen in einem größeren Zusammenhang beurteilen zu können und seine Wertungen nicht allein auf die sinnliche Wahrnehmung von unwesentlichen Einzelheiten zu stützen. Ein Gruppentanz läßt das Kind erleben, wie sich Menschen aneinander anpassen. Positive zwischenmenschliche Beziehungen können so durch Gruppentanz gefördert werden.

Zusammenfassend läßt sich sagen, daß Tanz in zweifacher Hinsicht erzieherischen Wert hat: erstens durch ein ausgewogenes Meistern der Bewegung und zweitens durch eine größere Harmonie mit sich selbst und anderen, die auch durch exakte Beobachtung des Bewegungsantriebs und der Aktionen kultiviert wird.

Natürlich ist es möglich, mit anderen Mitteln als dem Tanz eine gute Bewegungsbeherrschung zu erreichen. Leibesübungen, Spiele und körperliche Aktivitäten einschließlich handwerklicher Beschäftigungen sind die üblichen Wege zu diesem Ziel. Das Erlangen größerer Harmonie mit sich selbst und anderen wird in der Erziehung durch verschiedene Fächer gefördert, die jedoch nicht jene direkte persönliche Erfahrung vermitteln können wie das Studium und Training des Bewegungsantriebs.

Auf körperliches oder geistiges Erleben des Bewegungsflusses jeweils getrennt Gewicht zu legen ist ein unnatürliches Vorgehen, das vielleicht in bestimmter pädagogischer Absicht nutzbringend angewandt werden mag. Das ungeteilte Erleben des Bewegungsflusses beim Tanzen stillt ein Bedürfnis, das alle Kinder und viele Erwachsene empfinden. Der Drang zu tanzen, dem ausnahmslos alle Kinder von Zeit zu Zeit verfallen, ist unauslöschbar. Er bleibt wohl bei jedem Menschen das ganze Leben hindurch, von der Wiege bis zur Bahre, konstant, wenn er auch häufig falsch interpretiert und in Gefühle und Aktivitäten verkehrt wird, die für die Verwirklichung der in ihm gegebenen Möglichkeit ungeeignet sind: die Antriebskräfte eines Menschen und damit seine Persönlichkeit zu entwickeln.

Der Lehrer braucht deshalb eine verläßliche Richtschnur zum Bewerten von Tanzinhalten und ihrer Auswirkung auf das Kind. Dies ist nicht allein eine Frage des Geschmacks oder der Popularität bestimmter Tanzformen. Im allgemeinen wird alles, was Kinder an körperlicher und geistiger Nahrung in sich aufnehmen, recht sorgsam kontrolliert und ausgewählt. In dem wichtigen Bereich jedoch, in dem es um den Erwerb von Aktionsgewohnheiten und Energiequalitäten durch Tanzen geht, wird keine verläßliche Auswahl getroffen. Die Kinder werden entweder überhaupt nicht »gefüttert« oder nur mit den abgestandenen Überbleibseln einer vergangenen Zeit, die in keiner Weise den Bedürfnissen und dem Wissen unserer Tage Rechnung tragen.

Durch Beobachtung und Analyse der Bewegung kann der Pädagoge sich die notwendige Kompetenz aneignen, um den erzieherischen Wert von tänzerischer Bewegung und Tänzen einschätzen zu können. Er wird bald herausfinden, daß bestimmte Arten tänzerischer Bewegung dahin tendieren, angeborene und erworbene Mängel in der Zusammensetzung von Energiequalitäten zu verfestigen, andere hingegen die Möglichkeit bieten, eine disharmonische innere Einstellung auszugleichen und ein gesundes Wachstum der Persönlichkeit zu unterstützen.

Wenn das gründliche Studium tänzerischer Bewegung für die Erziehung von Nutzen sein soll, dann muß es auf umfassender Kenntnis der Formen basieren, in denen sich der Bewegungsantrieb im Menschen entfaltet. Die Beobachtung der Bewegungsfaktoren *Schwerkraft, Zeit, Raum* und Fluß und ihrer Kombinationen gibt einen Anhaltspunkt dafür, wie man sich im Dschungel der Tanzformen und Tanzstimmungen mit Hilfe des Verstandes zurechtfinden kann.

Der geschulte Beobachter wird bald feststellen, daß beim Tanzen empfundenes Vergnügen über die physische Befriedigung hinausgeht, die sich bei jedem Oben des Körpers einstellt. Tanzformen und Tanzübungen, die das Kind zu einem rein mechanischen Bewegen veranlassen, gehören in eine ganz andere Kategorie als solche, die den individuellen Bewegungsantrieben des Kindes ein Ventil bieten. Letztere vermitteln mehr als das Gefühl regelmäßig im Takt bewegter Gelenke und Muskeln. Die aus der Ausführung bestimmter Aktionen gewonnene Erfahrung und das Erkennen von Rhythmen in Aktionsketten oder -abfolgen unterscheiden die komplexeren von den mechanisch vollzogenen Tanzformen.

Ein Hinweis darauf, wie die verschiedenen Tanzformen klassifiziert werden können, findet sich in den sechzehn Bewegungsthemen des dritten Kapitels. Der Lehrer wird die Auswirkung von Variationen und Kombinationen dieser Bewegungsthemen auf einzelne Kinder oder Gruppen beobachten müssen. Aus dieser Beobachtung wird er lernen, daß eine bestimmte Bewegung immer wieder einen ganz ähnlichen Effekt auf die seelische und körperliche Verfassung der Kinder haben kann. Hat ein Lehrer diese Vorgänge erst einmal erkannt und etliche Beispiele dafür gesammelt, dann kann er an die Zusammenstellung solcher Bewegungsthemen gehen, die für die kindliche Entwicklung nützlich scheinen. Dies in überlegter und umsichtiger Weise zu tun ist eine Kunst für sich, die nur durch lange Praxis erlernt werden kann.

Tanz ist die ganze Menschheitsgeschichte hindurch schon immer für pädagogische Zwecke verwendet worden. Unsere Zeit muß jedoch ihren eigenen Weg finden, bei dem die komplexe Form der heutigen Erziehung und der ganze Trend unserer modernen Zivilisation mit in Betracht gezogen wird.

Siebtes Kapitel

Einige Hinweise für das Studium von Tanz und Bewegung

Ziele des Tanzes in der Erziehung

Das Material des Tanzes ist die Bewegung, womit ich in diesem Zusammenhang die von Laban dargestellte Interaktion von Bewegungsantrieb und Raum durch das Medium des Körpers meine. Die Bewegungen unseres Körpers bringen Raumformen hervor und sind mit Bewegungsantrieben »geladen« einer von innen kommenden Energie, die einer ganzen Reihe von Impulsen, Absichten und Wünschen entspringt. Je mehr wir eine Bewußtheit für unser Selbst und unsere Umwelt entwickeln, desto deutlicher erkennen wir, daß der Körper ein sensibles Instrument sein muß, um eine Manifestation des Wechselspiels zwischen innerer und äußerer Welt möglich zu machen.

Eines der Ziele von Tanz in der Erziehung und nach meiner Ansicht das wichtigste ist, durch das Tanzen Menschen zu helfen, eine körperliche Beziehung zum ganzen Dasein zu finden. Tanz ist wie alle Künste eine Quelle des Wissens, aus der man schöpfen kann. Erst aber müssen wir uns mit seiner Disziplin vertraut machen und lernen, seine Rhythmen und Formen klar auszuführen, wenn wir aus ihm einen Nutzen ziehen wollen.

Laban hat in diesem Buch die stufenweise Entwicklung des Bewegungsvermögens von Kindern beschrieben. Ähnlich kann auch mit Erwachsenen vorgegangen werden, die zum ersten Mal am eigenen Leib die Befreiung des natürlichen Bewegungsflusses erleben sollen. Das Ziel, wie Laban es formuliert, »ist die wohltuende Auswirkung der schöpferischen Tätigkeit des Tanzens auf die Persönlichkeit« und nicht die Produktion von aufsehenerregenden Tänzen. Das Produkt ist nicht Selbstzweck, sondern ein Mittel, durch das künstlerischer Ausdruck in einer Weise gefördert wird, die sowohl kreativ ist als auch dem Können und Entwicklungsstand der Schüler entspricht. Wir bauen Tanzerfahrung in der Erziehung wie auch im Laientanz auf allgemeingültigen grundlegenden Bewegungsformen und der individuellen Aneignung und Reflektion dieser Formen auf, nicht aber auf einer Konzeption des Zurschaustellens. So wird nach und nach ein Bewegungsvokabular begründet, mit dem wir uns in der Sprache des Tanzes ausdrücken lernen.

Warum Tanz?

Bewegung kommt natürlich in jeder menschlichen Aktivität vor. Warum glauben wir dann, daß gerade das Tanzen etwas zur Vorbereitung auf das Leben – eigentliches Anliegen jeder Erziehung – beitragen kann? Im Tanz tauchen wir in den Prozeß der Bewegungsaktion selbst ein, während bei anderen Aktivitäten, z. B. im Sport oder bei der Arbeit, unsere Aufmerksamkeit zumeist auf das praktische Resultat unserer Aktionen gerichtet ist. Obgleich die Bewegungsabläufe aller körperlichen Aktivitäten einen spezifischen Antrieb der sich bewegenden Person enthalten, so tritt doch im Sport und bei der Arbeit das bewußte Wahrnehmen des Aktionsprozesses hinter der Konzentration auf die äußere Leistung zurück. Wenn wir uns im Tanz ausdrükken und ihn schöpferisch gestalten, wenn wir seine Rhythmen und Formen ausführen und interpretieren, befassen wir uns ausschließlich mit der Handhabung seines Materials, der Bewegung selbst. Durch die Bewegungen unseres Körpers können wir lernen, unser Inneres in Beziehung zur Außenwelt zu setzen. Wir empfangen Eindrücke von außen, auf die wir reagieren, und wir projizieren umgekehrt auch unsere spontanen inneren Impulse nach außen und bringen so die in uns lebendige Energie zum Ausdruck. Das Beherrschen einzelner, isolierter Körperbewegungen vergrößert jedoch nicht das Bewußtsein für Bewegung; dies geschieht vielmehr durch die gegenseitige Stimulation von nach innen und außen gerichtetem Bewegungsfluß, der im Tanz gefördert wird und den gesamten Körper durchströmt und belebt.

Es wäre aber falsch anzunehmen, daß jedes oft »Tanzen« genannte Umherspringen und Herumhüpfen die eben beschriebene einigende und harmonisierende Wirkung hat. Sogar der professionelle Tänzer hat nicht oft Gelegenheit, sie zu erfahren, denn Tanzen ist seine Arbeit, die er unter allen Umständen vollbringen muß, unabhängig davon, ob er persönlich einen Nutzen davon hat oder nicht.

Tanzen ist ein Aspekt der Bewegungskunst, ebenso wie all jene künstlerischen Aktivitäten, deren einziges Instrument der Körper ist, wie z. B. die Pantomime, das Theaterspielen, der Gesang oder Sprechvortrag. Tanz hat neben den Dingen, die er mit anderen Künsten gemein hat, sein eigenes Erbe von Wissen, Tradition, Erfahrung, historischer Entwicklung und Grundsätzen. Ihr Wirken ist in den Bildern und Vorstellungen, die erweckt werden, in den Kompositionsmethoden, mit denen einzelne Bewegungsformen miteinander in Beziehung gebracht werden, und in den entstandenen Tanzstilen zu sehen.

Schulung des Bewegungssinnes

Der Leser wird in diesem Buch neben pädagogischen Zielen und Methoden umfassende Hinweise darauf gefunden haben, wie er seine Erfahrung, seine Kenntnisse und schöpferischen Fähigkeiten in der Bewegung erweitern kann. Dies kann in einer künstlerischen Aktivität natürlich nicht allein ein intellektueller Vorgang sein, wenn auch der Gebrauch von Worten ihn leicht dazu macht. Die erklärenden Ausführungen stellen lediglich den äußeren Rahmen dar, der dann mit feinem Gespür für die Bewegung durch anschauliche Bilder erfüllt und belebt werden muß. Die Entwicklung dieses Bewegungssinns, mit dem wir alle in unterschiedlichem Maße begabt sind, ist von großer Bedeutung. Dazu ist ein bewußtes Wahrnehmen motorischer Empfindungen wie auch jener Empfindungen notwendig; die aus dem Wechselspiel von Bewegungsantrieb und Körper im

Raum resultieren. Körperbewegungen, die in ihren Aktions-Rhythmen, Raumformen und in ihrer Ausführung undeutlich sind, vergrößern weder die Sensibilität für Bewegung noch die Fähigkeit, Bewegung schöpferisch zu gestalten. Die Kenntnisse von der Ordnung der oft frei und spontan geschaffenen Bewegungseinheiten und ein Gefühl für ihre Qualitäten müssen vervollkommnet werden, damit unsere körperlichen Aktionen spezifisch genug sind, um einen Eindruck in uns zu hinterlassen und uns eine psychophysische Bewegungserfahrung zu vermitteln.

Wir sind nicht alle mit einem gleichermaßen feinen Bewegungssinn ausgestattet, mit dem wir Muskelanstrengung, Ortsveränderung und Stellung im Raum wahrnehmen können. Die kinästhetischen Sinnesorgane sind nicht in einem bestimmten Teil des Körpers lokalisiert, wie es beispielsweise bei den Seh- und Hörorganen der Fall ist, sondern es sind Nervenendungen, die in Muskelgewebe eingebettet über den ganzen Körper verteilt sind. Wie wir durch die Klänge von Musik unser Gehör zu verfeinern suchen und durch das Zusammenspiel von Farben und Formen unser Auge, so suchen wir durch das Tanzen unser kinästhetisches Wahrnehmungsvermögen zu verbessern. In jedem dieser Beispiele werden unsere Sinne »zweckfrei« eingesetzt, und indem wir sie schulen, wecken wir zugleich ein Verständnis für die jeweilige Kunstform. Das Problem ist jedoch, wie man eine Reaktion der Sinne stimulieren und die Fähigkeit entwickeln kann, eine wachsende Vielfalt von feinen Empfindungsnuancen zu differenzieren. Hat jemand die Funktion eines Sinnesorgans eingebüßt, dann ist er natürlich nicht imstande, dessen Aufnahmefähigkeit zu verfeinern, weil die Grundlage fehlt. Die Tatsache, daß zumeist die anderen Sinne den Mangel kompensieren helfen, zeigt, daß die empfangenen Eindrücke sich aus verschiedenen Sinneswahrnehmungen zusammensetzen. Dies spricht für die Bedeutung einer Erziehung durch Tanz, denn durch den im Mittelpunkt stehenden Bewegungssinn und die Mitwirkung aller anderen Sinne ist die Möglichkeit gegeben, den Zugang zu einem Bewußtsein des eigenen Selbst in einem sozialen und objektiven Umfeld zu erschließen. Das wird jedoch nicht ohne einen bewußten Prozeß und ein intellektuelles Erfassen der dabei eine Rolle spielenden Elemente möglich sein.

Um unseren Bewegungssinn zu schulen, können wir zum einen aus unserem persönlichen Bewegungsstil jene Bestandteile herausholen, die universelle Gültigkeit besitzen und deshalb elementares Lernmaterial darstellen. Umgekehrt könnten wir uns auch direkt mit fundamentalen Bewegungsvorgängen vertraut machen, indem wir ausgewählte Bewegungseinheiten üben und ihre ganz spezifische Eigenart in uns aufnehmen. Laban hat die Elemente herausgestellt, aus denen sich Bewegung zusammensetzt, und er hat in diesem Buch viele wesentliche Fakten über die menschliche Bewegung dargelegt, die in einem Lernprozeß unschätzbare Hilfe bieten. Es muß jedoch daran erinnert werden, daß ein auf diesen Fakten fußendes Wissen nur zum Ziel haben kann, auf vielerlei verschiedene Weise individuellen Widerhall anzuregen, der aus dem ganzen Menschen hervorkommt.

Zudem gibt es gewisse grundlegende Voraussetzungen, die auf jede Körperbewegung einwirken und in unsere Überlegungen einbezogen werden müssen. Wir wollen uns deshalb nun den wichtigsten unter ihnen zuwenden.

Wesentliche Voraussetzungen jeder Körperbewegung

Der Körper ist, wie bereits angedeutet, das Instrument, mit dem die verschiedenen Formen von Bewegungskunst hervorgebracht werden. Im Gegensatz zu den in anderen Kunstgattungen verwendeten Instrumenten, die Wir selbst herstellen und die im Grunde alle eine Erweiterung und spezialisierte Fortentwicklung des menschlichen Körpers und seiner Funktionen sind, ist das für die Bewegungskunst gebrauchte Instrument uns allen mitgegeben. Wir brauchen es nicht selbst zu erfinden. Die Schwierigkeit besteht nur darin, den besten Gebrauch von diesem Instrument zu machen und seine Möglichkeiten und Funktionen zu entfalten.

Um die Grundlage für eine Schulung und Disziplin des Körpers zu schaffen, ist es angebracht, einige der natürlichen Körperfunktionen und die sie lenkenden physiologischen und psychologischen Prozesse näher zu betrachten. Folgendes ist hierbei von Bedeutung:

- der in allen neuromuskuläre Aktionen vorhandene Wechsel von Spannung und Entspannung,
- das Ausdehnen und Zusammenziehen des Brustkorbs bei der Atmung,
- der dynamische Charakter des für die aufrechte Körperhaltung erforderlichen Gleichgewichts,
- die Gegenbewegung von Armen und Beinen in der Fortbewegung,
- die Pendelbewegung der Extremitäten, die in Schulter- und Hüftgelenken ansetzt,
- das Federn in Knie- und Fußgelenken,
- die Beuge-, Dreh- und Wellenbewegungen der Arme, welche über eine Reihe von Gelenken (Schulter-, Ellbogen-, Hand- und Fingergelenke) ablaufen,
- das Aufrichten des Körpers gegen den Zug der Schwerkraft und sein Niederfallen durch das Eigengewicht,
- das labile Gleichgewicht aller physiologischen Funktionen (die natürliche Ökonomie der Energien im menschlichen Organismus),
- das Geprägtsein der Bewegungsfunktion durch die typischen Eigenarten einer Persönlichkeit,
- der Einfluß von Umgebung und äußeren Ereignissen auf die Körperbewegungen,
- die Möglichkeit, eine große Vielfalt neuer Bewegungsmuster zu bilden,
- die Fähigkeit des Menschen, sich anzupassen und zu lernen.

Das Material

Das Material der Bewegungskunst sind die physischen Eigenheiten der menschlichen Bewegung, die wir gestalten und formen wie der Töpfer den Ton, indem wir dem Material Intensität, Rhythmus, Betonung und Formklarheit geben, kurz einen wesentlichen Ausdruck von Lebenserfahrungen. Dies erfordert handwerkliches Können sowie das (körperliche) Wissen von Wesen und Eigenart des Materials und vom Umgang mit ihm.

Die von der Natur gegebenen Umstände von Schwerkraft, Zeit, Raum, Fluß, die Bewegung aktivieren, spielen hierbei eine bedeutende Rolle. Laban hat sie »Bewegungsfaktoren« genannt und aufgezeigt, wie der Mensch sich mit seinen geistigen und physischen Kräften zu ihnen in Beziehung setzen kann. Tatsächlich besteht für uns unser Leben lang die Notwendigkeit, mit diesen Faktoren umzugehen, da dies in der Natur unserer Existenz liegt. So setzen wir – bewußt oder unbewußt – Energie ein, im wesentlichen, um das Leben zu erhalten, und letzten Endes, um es zu genießen und ihm den Sinn zu geben, den wir darin sehen. Laban bezeichnete diese Energie als »Bewegungsantrieb« (im Englischen nannte er sie *»Effort«*), der aus inneren Impulsen, Wünschen, Absichten, Stimmungen und Trieben entspringt und sich in den Bewegungen unseres Körpers manifestiert. Im vierten Kapitel gibt Laban einen systematischen Überblick über elementare Experimente mit dem Bewegungsantrieb, die sich beim Aufbau einer freien Tanztechnik als nützliche Hilfe erwiesen haben. Sie verweisen vor allem auf die Aktionen in ihrer Beziehung zu *Schwerkraft, Raum* und Zeit und machen gelegentlich auch die unterschiedlichen Qualitäten des Bewegungsflusses erfahrbar, die sich in natürlicher Weise aus ihnen entwickeln.

Das handwerkliche Rüstzeug für den Tanz verlangt das Beherrschen

- der Muskelenergie oder Kraft, die nötig ist, um der Schwerkraft einen Widerstand entgegenzusetzen, einschließlich der Anspannung und ihres Gegenteils,
- der Geschwindigkeit unserer Aktionen im Zeitablauf, einschließlich der Beschleunigung und ihres Gegenteils,
- der Entfaltung unserer Bewegungen auf festgelegten Raumwegen, einschließlich der Vielheit von Richtungen und ihres Gegenteils,

- der verschiedenen Möglichkeiten von Kraft–Zeit-Raum-Kombinationen wie auch der Flüssigkeit und Kontinuität von Bewegungsformen, einschließlich ihrer Festigung und sich ergebender Pausen.

Im Verlauf des Heranwachsens erlangen wir von allein eine gewisse Beherrschung solcher Kombinationen, und gemeinsam mit einigen speziellen im täglichen Leben gebrauchten Fertigkeiten entwickeln wir auch bestimmte Gewohnheiten bei ihrer Ausführung. Tanz als ein Mittel der Erziehung und Persönlichkeitsentfaltung fordert vielfältige Antriebsreaktionen des einzelnen heraus, die im Kontext der Tanzsituation auf das Schaffen eines sinnvollen Ganzen gerichtet sind. Die intellektuelle, physische und emotionale Komponente tänzerischen Bewegung muß in klaren Aktionen des Körpers sichtbar werden und durch diese in sinnvollen Formen im Raum erscheinen. Ist das nicht der Fall, so wird kein Tanz entstehen, der dem Tänzer eine stimulierende Erfahrung vermitteln könnte, eine Gelegenheit zum Steigern seiner Sensibilität, zum Erweitern seiner Reaktionsmöglichkeiten. Eine Tanztechnik muß auf dieses Ziel ausgerichtet sein. Deshalb ist es erforderlich, daß die Übungen nicht nur rhythmisch, dynamisch und in der Raumform klar sind, sondern auch mit einem bewußten Wahrnehmen der gesamten Bewegungsgestalt ausgeführt werden. Das wiederum wird sich auf das »Denken in Bewegungsbegriffen«, wie Laban es nannte, auswirken, welches stimuliert werden kann, um Variationen, Entwicklungen, Kontraste wie auch neue Übergänge und Verbindungen zu finden. Auf diese Weise wird nach und nach das persönliche Bewegungsvokabular erweitert, das fundamentales und universelles Bewegungsgeschehen umschließt.

Wenn wir ein gewisses Grundvokabular erworben haben und anfangen, in Bewegungsbegriffen zu denken, dann können wir auf die gekonnte Ausführung von Bewegungseinheiten oder aus ihnen gebildeten Sequenzen hinarbeiten. Technische Weiterentwicklung im modernen Ausdruckstanz geht Hand in Hand mit einem Verständnis des Bewegungsinhalts. Es ist ein langsamer Prozeß mit vielen Stadien der Reife-, in jedem einzelnen Stadium sollte aber eine Einheit von Handeln, Denken und Fühlen erreicht werden.

Technik

Jede Tanztechnik enthält grundlegende Bewegungsaktionen. Welche von diesen jeweils hervorgehoben und kultiviert werden, hängt von dem Modus des Tanzes ab, zu dessen Vorbereitung sie dienen, da eine Technik immer auf den Erwerb von speziellen, für einen bestimmten Tanzstil nötigen tänzerischen Fertigkeiten ausgerichtet ist.

Die meisten Techniken, die man entwickelt hat, sind gewöhnlich an eine mehr oder weniger begrenzte und knappe Auswahl von Grundübungen zur Körperbeherrschung gebunden. Dies ermöglicht, ein sehr großes Maß an Geschicklichkeit und Können in dem jeweiligen Bewegungsstil zu erlangen. Manches Mal jedoch gewinnt das Schärfen des Werkzeugs und Vorbereiten des Instruments eine solche Bedeutung, daß das Erforschen des Bewegungsmaterials vernachlässigt und nur ein dürftiges Bewegungsvokabular erworben wird.

Im kreativen Tanz muß das technische Rüstzeug in erster Linie der Zielsetzung dieser Tanzart dienen: dem einzelnen zu helfen, sein Potential zu verwirklichen und zu vergrößern, sich in Beziehung zu seiner Umwelt zu bringen und seine Fähigkeit zur Kommunikation und zum Eingehen auf andere Menschen zu verstärken. Aus diesem Grund hat Laban für eine »freie« Tanztechnik plädiert, eine Technik, die frei von einem in bestimmter Weise festgelegten Tanzstil ist, aber keineswegs chaotisch frei. Es gibt allgemeingültige Rhythmen und Formelemente, die Teil unserer menschlichen Struktur und Erfahrung sind. Wir versuchen diese in uns zu entdecken und ans Licht zu bringen; indem wir sie uns bewußt machen, können wir unsere schöpferischen Kräfte erweitern. Wir müssen uns mit unserem ganzen Sein dem Material der Bewegung öffnen und herausfinden, wo beim Tanzen unsere Stärken und Schwächen im Umgang mit dem Material liegen. Dies wird uns zu einem besseren Verständnis unserer selbst führen und uns dazu anregen, unser Potential zu entwickeln.

Stile

Daneben ist es äußerst lohnend, sich mit verschiedenen Tanzstilen vertraut zu machen und auch ein oder zwei von ihnen beherrschen zu lernen. Es gibt historische und ethnische Stile, manche haben gesellschaftliche Funktion, andere dienen religiösen Ritualen. Viele sind von einer Gemeinschaft geschaffen worden, andere von einzelnen Künstlern und Tanzmeistern. Einige Stile gelten als klassisch, andere als volkstümlich.

Weiterhin ist es sehr interessant, die einzelnen Stile auf ihre bestimmte Eigenart hin zu untersuchen. Um diese herauszufinden, mag folgende einfache Richtschnur von praktischem Nutzen sein: wie wird der Körper im Raum eingesetzt und mit welcher Art von Bewegungsantrieb? Obwohl dies auf den ersten Blick vielleicht nicht immer einen direkten Bezug zu dem zu haben scheint, was man sieht, tut oder fühlt, so bietet doch die Gesamtheit der Grunduntertellungen jedes einzelnen dieser Aspekte eine Vielzahl von Kombinationsmöglichkeiten von denen jeweils nur einige wenige für einen bestimmten Stil tänzerischen Ausdrucks typisch sind.

Man wird schnell die Hauptpunkte erkennen: die Körperhaltung die Stellung der Füße und ihre Beziehung zum Boden, die Kontrolle des Bewegungsablaufs beim Gestalten von Gesten und Stellungen, charakteristische Zeitmuster und Akzentsetzung, der Bewegungsansatz und -ablauf in bestimmten Teilen des Körpers und die typischen Sequenzen von Energiequalitäten.

Rhythmus

Die Bewegungskunst und insbesondere der Tanz stützen sich auf ein durchgängiges Prinzip, die rhythmische Einheit. Die dem Rhythmus innewohnende Eigenart ist die periodische Wiederholung, und jeder periodische oder rhythmische Ablauf weist sowohl Aspekte der strukturellen Gestaltung als auch des kinetisch-dynamischen Wechsels auf. Der Körper mit seinen verschiedenen Teilen wandelt die Art des rhythmischen Musters ab, je nachdem wie er für die Bewegung eingesetzt wird. Wenn wir eine Bewegungssequenz gestalten, machen wir bewußt oder unbewußt zweierlei: wir suchen nach einer befriedigenden räumlichen Komposition, durch die unsere inneren Impulse oder Antriebe in geeigneter Form sichtbar gemacht werden können; wir versuchen uns in die Formen hineinzufühlen, mit denen die Bewegungen unseres Körpers den Raum um uns erfüllen, und von innen heraus auf diese Formen zu reagieren. Diese beiden Verfahren laufen nicht unbedingt nacheinander ab. Im Gegenteil, das gleichzeitige Wahrnehmen des nach innen und außen gerichteten Flusses verstärkt das Gefühl, »im eigenen Körper zu sein«, und dann scheint es uns, daß wir wirklich tanzen. Die erkennbaren Rhythmusqualitäten einer tänzerischen Bewegung sind abhängig von dem jeweiligen Verhältnis zwischen innerem Antrieb und Raumform, was sich im Körper manifestiert.

Der Körper kann durch ein Schwingen oder Pendeln in Bewegung versetzt werden. Wenn wir beispielsweise unseren Körper federnd hin und her von einem Bein auf das andere schwingen und ihm dann – wie beim Werfen eines schweren Paketes einen besonderen Anstoß geben, so wird er an einen neuen Platz bewegt. Dies kann mehrere Male rhythmisch wiederholt werden, bis wir auf den Bewegungseindruck reagieren können und anfangen, ihn zu genießen. Mit diesem Gefühl des Genießens wird zumeist auch ein wachsendes Gefühl von Vitalität entstehen und der Wunsch, mit jedem Schwung auf einen immer neuen Platz im Raum zu gelangen. Ähnlich wie es uns reizt, beim Singen einzelner Töne noch einige hinzuzufügen, um eine Melodie zu formen, so werden wir zum Fortsetzen einer Bewegungserfahrung und Gestalten einer Bewegungssequenz motiviert, indem wir für jeden Schwung ein klares Ziel wählen und so größere Lebendigkeit empfinden.

Auf diese Weise werden neue Lösungen angeregt und die Bewegungsphantasie bereichert. Durch Wiederholung wird ein Gedächtnis für Bewegungsabläufe aufgebaut, das einen Vorrat an Erfahrungen bietet, der für das Entstehen neuer Inspirationen und für die Entwicklung von Sensibilität und einem besseren Verständnis notwendig ist. Sobald wir in der Lage sind, uns voll dem Bewegungsgeschehen zu öffnen und mit unserer menschlichen Natur darauf einzugehen, ist es wahrscheinlich, daß unsere Erfindungsgabe frei wird und in immer größerer Reichhaltigkeit und Klarheit Raumformen und Rhythmen zutage bringt. Die geeinte Form der Bewegung ist ein Ausdruck innerer Werte, und da sie keinen praktischen Zweck verfolgt, betrachten wir sie als künstlerischen Ausdruck.

Die Rhythmen der Körperaktionen mit ihrer Bewegungsantriebs- und Raumkomponente können monoton oder variabel, übereinstimmend oder voneinander abweichend sein, in jedem Fall aber müssen sie mit Leben erfüllt sein. Unsere Emotionen, unser Wille zum Handeln, unsere Träume und Sehnsüchte, kurz, unsere ganze innere Welt muß angerührt werden und in eine harmonische Beziehung zu den außen erscheinenden formenden Elementen gebracht werden.

In der Bewegung wird durch Rhythmus, der Steigerung und Minderung einschließt, die innere Beteiligung verstärkt und das Bewußtsein für Wechsel geweckt. Dies kann von höchster Erregung bis zu tiefster Ruhe und Stille reichen und all die verschiedenen Stimmungen einbeziehen, die in einer Mischung der beiden Extreme zum Ausdruck kommen.

Ein Zu- und Abnehmen sollte erfahren werden in:

Geschwindigkeit	jeweils als Einzelfaktor in der rhythmischen Welle einer Bewegung sowie auch in Kombinationen von zwei, drei oder allen vier Komponenten.
Intensität	
Ausmaß	
Flüssigkeit	

Solche Versuche können sehr anregend sein, besonders wenn Kombinationen über Kreuz gemacht werden, wie beispielsweise eine Zunahme von Geschwindigkeit und Ausmaß (des Schrittes) beim Schreiten, verbunden mit einem Abnehmen der Intensität (Muskelspannung) und der Flüssigkeit (Kontinuität), woraus sich eine staccato-ähnliche Fortbewegung ergibt, bei der die Beine immer schwächer werden, je weiter und schneller sie ausschreiten. Bei einer kreisenden Geste der Arme, in der ein Zunehmen von Ausmaß und Flüssigkeit der Bewegung mit einem Abnehmen der Intensität gekoppelt ist, während die Geschwindigkeit oder das Tempo gleichbleibt, rufen die aufeinanderfolgenden Windungen der größer werdenden Spirale ein Gefühl ungestörter Kontinuität hervor.

Der Körper im Raum

Nun wollen wir das Augenmerk auf uns selbst lenken, d.h. auf unsere leibliche Gegenwart im Raum. Die charakteristische Qualität des Raums ist die Ausdehnung. »Wo immer auch der Körper sich bewegt oder steht, ist er von Raum umgeben«, und »jede Bewegung vollzieht sich mit einer Verlagerung des Körpers oder seiner Teile von einer Position im Raum zu einer anderen«, wie im 5. Kapitel gesagt wurde. Die zweite Feststellung bezieht sich natürlich auf solche Bewegungen, bei denen das Zentrum des ganzen Körpers oder der sich bewegenden Körperteile verlagert wird und somit eine »Fortschreitung« im Raum vollzieht. Die Körpermitte sucht eine neue Position im Raum, und in allen Fortbewegungsarten wie Schreiten, Springen, Hüpfen, Rollen usw. wird der Körperschwerpunkt an einen neuen Platz bewegt. Er kann in die Luft geworfen oder zu Boden fallengelassen werden oder von einem Ort zum anderen verlagert werden wie bei der vorhin beschriebenen Bewegungssequenz, die aus dem Schwingen des Körpers entwickelt wurde.

Auch kleinere Teile des Körpers mit ihrem eigenen Zentrum können Entfernungen im Raum zurücklegen, welche aber nur sehr kurz sein werden. Wenn der Arm eine Geste ausführt, bewegt er sich dabei von einem Ort zum anderen; wenn wir uns verbeugen, führt das Brustbein Schultern und Kopf abwärts durch den Raum; die Lippen stülpen sich hervor, wenn wir sie beim enttäuschten Schmollen schürzen, sie ziehen sich zurück, wenn wir uns fürchten; bei Wut wird der Kiefer nach vorn gestoßen, die Augenbrauen treten hervor; ein Ohr führt beim Hinhören zu einer Wendung des Kopfes.

Aber es gibt noch einen anderen Aspekt der Körperbewegung im Raum, nämlich das »Ausbreiten«. Dies bezieht sich auf das Bewußtsein, daß »wo immer auch der Körper sich bewegt oder steht, er von Raum umgeben ist.« Es ist ein Ausbreiten vom Zentrum entweder des ganzen Körpers oder eines Körperteils in eine beliebige Richtung. Das Zentrum selbst wird nicht an einen anderen Platz bewegt, daher ergibt sich auch kein erkennbarer Weg oder Fortschreiten im Raum. Das Ausbreiten und natürlich auch das Zusammenziehen im Körper selbst sind von sehr kleinem Umfang und vermitteln ein Gefühl von Wachsen und Schrumpfen, von Größer- und Kleinerwerden und damit verbunden ein Hinausströmen in eine Vielzahl von Richtungen sowie ein Zusammenfassen in dem einen innenliegenden Zentrum. Dies ist sozusagen das Leben des Raums, sein »Atmen«, und es ist in der Tat sehr eng mit der physiologischen Funktion der Atmung verbunden. Ein bewußtes Wahrnehmen und eine Kontrolle des Ausbreitens und Zusammenziehens des Brustkorbs bei der Atmung wird uns helfen, den Körper im Raum zu erfahren.

Wirkt sich ein Wachsen oder Schrumpfen in der zentralen Körpergegend auf die Arme und Beine aus, so streben diese vom Körpermittelpunkt weg oder zu ihm hin, ohne aber den Raum zu durchqueren. Der Bewegungsfluß erreicht die oberen Extremitäten über den Schultergürtel, die unteren über den Beckengürtel. In kleineren Abschnitten des Körpers kann eine ähnliche Erfahrung gemacht werden, beispielsweise mit den Fingern um die Mitte der Handfläche mit dem Mund um seinen zwischen den Lippen liegenden Mittelpunkt herum oder mit den Lidern um die Mitte der Augäpfel.

Die Bewegungen des Ausbreitens und Durchquerens sind zwei elementare räumliche Aktionen, die uns auf zweierlei Weise mit der Außenwelt in Beziehung bringen; ihr Zusammenspiel kann sowohl nacheinander als auch gleichzeitig ablaufen. Beim Ausbreiten haben wir die Bewegungen nach außen und innen, das Wachsen und Schrumpfen, das Ausdehnen und Zusammenziehen näher betrachtet. Nun wollen wir uns noch einmal der Bewegung des Durchquerens zuwenden. Wenn wir unseren

Körper oder einen Körperteil an einen neuen Platz bringen, durchqueren wir den Raum; wenn wir jedoch nach mehrfachem Wechseln wieder zum Ausgangspunkt zurückkehren, kreisen wir im Raum. Durchqueren und Kreisen haben, obwohl beide ein Fortschreiten im Raum sind, im tänzerischen Ausdruck völlig unterschiedliche Funktion. Es ist sehr interessant, das Gebiet der Ausbreitung und Fortschreitung der Bewegung im Raum zu erforschen. Zum Beispiel:

a) Der Körper befindet sich in einer weiten, niedergebeugten Haltung und hat erst die Tendenz zu schrumpfen und sich dann auszubreiten. Nachdem der Körper aufgerichtet und die Füße zusammengezogen worden sind, macht ein Arm eine große, kreisförmige Geste.
b) Nach einem den Raum durchquerenden Schreiten folgt ein Zusammenziehen und Schrumpfen im Beckengürtel und in den Beinen, sozusagen ein Nach-innen-Ziehen der Oberfläche zu den Knochen hin wie beim Frieren.

Die Aktionen in jedem dieser zwei Beispiele können auch gleichzeitig ablaufen:

c) Ein Arm macht eine kreisende Geste, während sich der Körper zusammenzieht und ausbreitet (im Erleben seines eigenen Volumens, nicht durch Beugen oder Strecken).
d) Der Körper zieht sich im Weiterschreiten zusammen, ohne daß aber der Beckengürtel merklich tiefer verlagert oder die Beine gebeugt werden.

Selbstverständlich können viele andere Verbindungen und Querverbindungen gefunden werden und zu längeren Sequenzen zusammengefaßt werden, deren Aktionen verschiedene Körperteile sowie verschiedene Raumrichtungen und -plazierungen einbeziehen.

Außerdem können wir noch einige der übrigen Faktoren hinzunehmen, die zu der rhythmischen Form eines Bewegungsgeschehens beitragen. Wir haben sie an anderer Stelle bereits behandelt, es sind das Steigern und Mindern der Geschwindigkeit, Intensität, des Ausmaßes und der Flüssigkeit. Ein systematisches Erforschen des Einflusses, den die einzelnen Elemente der Bewegung bei gleichzeitigem oder sukzessivem Auftreten haben, ist in der Tanzerziehung wesentlich. Die Phantasie braucht einen Vorrat an spezifischen Bewegungserfahrungen, aus dem sie – zumeist unbewußt – schöpfen kann bei der Gestaltung einer Tanzsequenz, einer Pantomime oder eines Schauspiels, ja jeder expressiven Äußerung, die durch körperliche Aktivität hervorgebracht wird, einschließlich Sprechen und Singen.

Dynamik der Raumspannungen

Nun sollen noch die Raumform und die dynamische Qualität der Wege näher betrachtet werden, die der Körper beim Durchqueren des Raums vollzieht, sowie die Beschaffenheit des Flusses seiner sich ausdehnenden und zusammenziehenden Aktionen.

Mit dem Verstand ist es leicht zu begreifen, daß drei räumliche Hauptausdehnungen den dreidimensionalen Charakter des Raums beschreiben können; im Körper können wir sie erfahren, indem wir uns zuerst einmal ganz bewußt im lockeren Stand aufrichten und die Arme seitlich ausstrecken. Diese zwei Ausdehnungen sind Teil unserer Körperstruktur und werden durch unsere natürliche Haltung betont. Der vom Boden wegführende Zug in Nacken und Kopf vermittelt bei fest auf dem Boden plazierten Füßen ein klares Empfinden für die Dimension Höhe. In dieser Stellung ist der Körper gegen die Schwerkraft sorgsam ausbalanciert. In Verbindung mit einem Gefühl von Breite, das durch die bilaterale Körperstruktur und das seitliche Ausweiten des Oberkörpers, der den Schultergürtel trägt, hervorgerufen wird, entsteht ein flächiges Kreuz aus den Dimensionen Höhe und Breite. Es stellt den Maßstab dar, nach dem wir Richtung und Plazierung unserer Bewegungen einschätzen.

Wir erleben die dritte Ausdehnung durch die Aktionen unserer Gliedmaßen, in der Fortbewegung unserer Beine nach vorn und zurück sowie in den schöpfenden und streuenden Gesten unserer Arme. Hier ist der Zeitfaktor hinzugekommen, er ergänzt die Erfahrung des Ausbreitens im Raum und des ihn

Ausfüllens um das Erlebnis des Raumdurchquerens. Man kann daher im dreidimensionale Kreuz den Bezug zu den Bewegungsfaktoren *Schwerkraft in* der Dimension hoch–tief, *Raum* in der Dimension seit–seit und *Zeit* in der Dimension vor–zurück sehen.

Der Tänzer neigt bewußt oder unbewußt dazu, seine Körperhaltung in Übereinstimmung mit einer oder mehreren dieser drei Dimensionen zu bringen, wenn er den Fluß der Bewegung oder den Wechsel in ihren Kombinationen unter Kontrolle hält oder die Bewegung zu einem Abschluß bringt. Sie sind die vertikalen und horizontalen Körperspannungen im Raum, die mit ihrer völlig symmetrischen Ausgewogenheit eine stabilisierende Wirkung ausüben.

Im Gegensatz dazu empfinden wir es als eine Art Befreiung, wenn die Bewegungen unseres Körpers von dem verhältnismäßig ausbalancierten Zustand innerhalb des Dimensionalsystems abweichen. Wenn wir erregt sind, wird unser Körpergleichgewicht labiler, wir haben eine größere Bereitschaft zur Veränderung, und an die Stelle unserer symmetrischen Haltung tritt eine asymmetrische. Der Bewegungsfluß ist gesteigert und wird es bleiben, bis die vorantreibende Erregung schwächer wird, sich schließlich ganz beruhigt und legt.

Ein Gefühl äußerster Befreiung wird erlebt, wenn unsere Bewegungen einer Diagonale folgen (vgl. 5. Kapitel, S. 101). Davon können wir uns mit einem Experiment überzeugen: Wir stehen mit beiden Füßen dicht beieinander – es ist unwichtig ob parallel oder auswärtsgedreht – und beginnen von der Körpermitte eine ausbreitende Bewegung mit dem Brustkorb nach hoch-rechts-vor. Wir befinden uns dann in einer ziemlich labilen Stellung, aus der sich leicht eine Fortbewegung durch den Raum ergibt oder sogar unvermeidlich ist. Unser Gewicht ist nicht nur auf den rechten Fuß verlagert worden, sondern noch weiter auf die äußerste Kante des Ballens, so hoch als sei der Körper zum Fluge bereit. Nun wollen wir diese erste Vorbereitung verwenden und weiterverfolgen mit der klaren Intention, Raum zu durchqueren. Aus einem Schritt diagonal nach vorn vom Standort weg und einem gleichzeitigen Hochwerfen unseres Gewichts in die Richtung hoch-rechts-vor entsteht eine Art fliegender Sprung, der uns für einen kurzen Augenblick mit freiem Bewegungsfluß durch den Raum schwingt und ein Gefühl unbeschränkter Freiheit erleben läßt. Ein gewisses Maß an Kühnheit und Mut spielt jedoch dabei mit, denn unser Organismus gibt nicht gern die Sicherheit eines in der Balance gehaltenen Zustandes auf. Eine ähnliche Erfahrung machen wir, wenn sich der Körper aus seiner Mitte heraus ausbreitend in eine der anderen Diagonalrichtungen bewegt. Die nach unten gerichteten Diagonalen führen jedoch letztlich zum Fallen und zum Aufhören jeder Bewegung. So wie wir das Dimensionalkreuz auf die Bewegungsfaktoren *Schwerkraft, Raum* und *Zeit* beziehen konnten, erkennen wir nun, daß sich das Diagonalkreuz auf den Bewegungsfaktor *Fluß* bezieht.

Bewegung geht aus der Stille hervor und kehrt wieder in die Stille zurück. Es gibt daher zwei gegensätzliche Tendenzen, die eine ruft Bewegung ins Leben und erhält sie aufrecht, die andere läßt sie ausklingen und zu einem Ende kommen. Der Reiz, den wir fühlen und der in uns den Wunsch nach einem Fortsetzen des Bewegungserlebnisses weckt, veranlaßt uns, die Rückkehr in die Stabilität – in der die Schwerkraft bestimmend ist – hinauszögern. Wir suchen in dem Zustand der Labilität zu verweilen, der ständige Anpassung an Veränderungen erfordert.

Die stabilen und labilen Qualitäten einer Bewegung sind wesentliche Aspekte des *Raums.* Der Bewegungsfaktor *Fluß* basiert, wie von Laban ausgeführt wurde, auf dem Konzept des Befreiens und Bindens. Ein Bewegungsgeschehen im Tanz entfaltet sich aus dem Wechselspiel dieser befreienden und bindenden Kräfte wie auch aus dem miteinander abwechselnden Zustand von Labilität und Stabilität. Im Letzten wird ein solcher Zustand nur in herausragenden Augenblicken erreicht, so bei höchster Erregung oder vollkommener Ruhe. Die meisten tänzerischen Bewegungen werden vom labilen und stabilen Zustand zugleich beeinflußt und wechseln zwischen beiden.

Es ist eine lohnende Studie, Bewegungssequenzen zu erfinden und auszuführen, die uns beim Erkennen dieser Schwankungen helfen. Sie sollten Momente größter, von der Körpermitte ausgehender Bewegung einschließen als auch solche, in denen die Mitte sorgsam unter Kontrolle gehalten und in Übereinstimmung mit dem Zug der Schwerkraft gebracht wird. Dies kann ein Thema für einen Tanz ergeben, in dem die persönlichen phantasievollen Ideen und Intentionen des Tänzers die Stimmungen oder die Dramatik des Inhalts hervorbringen.

Spurformen der Bewegung

Form wird in der Bewegung durch eine Reihe von Richtungsbestrebungen geschaffen, denen ein Körperteil oder der ganze Körper folgt. Der Körper hat dreidimensionale Gestalt mit vielen Gelenkverbindungen, und so ist die Raumform einer Bewegung niemals allein die Umrißlinie eines flächigen Musters, sondern hat plastischen Charakter. Die tatsächliche Konfiguration, die eine tänzerische Geste hervorbringt, ist abhängig von der Art des Aktionsrhythmus, mit dem sie ausgeführt wird, und von der Weise, in der die verschiedenen Gelenkverbindungen einbezogen sind. In seinem Buch *Choreutics* demonstriert Laban, daß ein einfaches Hochheben des Arms »eine Form ähnlich einem sich öffnenden Fächer in den Raum projiziert«;[13] und wenn die Hand mit einer Geste des ausgestreckten Armes gleichmäßig und stetig einer Kreislinie folgt, entsteht eine kegelförmige Spurform.

Zumeist sind wir uns nur des Umrisses bewußt, den wir mit Armen und Beinen in die Kinesphäre oder auf den Boden zeichnen, und tatsächlich wählen wir bestimmte Grundkonfigurationen, um unser kinästhetisches Empfinden wie auch unser Formgefühl zu schulen. Darüber hinaus jedoch »vermittelt eine Spurform ähnlich einer Melodie eine gewisse Inspiration; wie sie im einzelnen vom Körper ausgeführt wird, kann zumeist dem persönlichen Geschmack des Tanzenden überlassen werden«.[14]

Um innerhalb einer bestimmten Spurform einen labilen Körperzustand zu erleben – was, wie wir gesehen haben, Kontinuität der Bewegung erfordert – wollen wir als Beispiel den Weg einer geschlossenen Kette durch unsere Kinesphäre und um

13 Vgl. *Choreutics,* a.a.O., S. 46f.

14 ebd., S. 49

unseren Körper herum nehmen. Jede angegebene Richtung muß in diesem Fall in der Körpermitte ansetzen und von dort den Richtungsfluß der Bewegung in die Extremitäten strömen lassen. Auf diese Weise ist nicht nur der gesamte Rumpf in die beugenden, aufrichtenden und verdrehenden Aktionen einbezogen, sondern auch die Beine, die durch das Vollziehen eines kreisförmigen Bodenweges Gewichtsverlagerungen produzieren, während die Arme eine wellenförmige geschlossene Kette in die Luft zeichnen. Hier ist die Kette: *hlz–tlv–hrv–trz–hlz.* (Zur Bedeutung der Abkürzungen vgl. Abb. 2)

Man wird feststellen, daß diese Kette durch Diagonalrichtungen gebildet wird, daß aber die Bewegung nach jeder Richtung hin ein wenig verkürzt werden muß, um den kreisenden Charakter dieser Spurform herauszubringen. Jedes Mal, wenn das eine Richtungsziel fast erreicht ist, wird das nächste bereits antizipiert. So kommt es zu einem Abrunden und Glätten der Übergänge. In dieser Kette gibt es auch ein Auf und Ab, das Beschleunigung und Verlangsamung sowie einen Wechsel zwischen mehr oder weniger Intensität fördert. Dies Steigern und Mindern von Ausmaß, Geschwindigkeit und Intensität innerhalb der fließenden Stetigkeit eines kreis- oder wellenförmigen Weges bewirkt eine Stimmung beseelter Ruhe und Harmonie.

Im Gegensatz dazu wollen wir die folgende Konfiguration ausprobieren, die in der Kinesphäre fortschreitet. Obgleich sie symmetrisch vollzogen werden soll, zieht doch jeder einzelne der Abschnitte, aus denen die Spurform zusammengesetzt ist, den Körper aus seiner normalen, verhältnismäßig stabilen Position heraus. Die Körpermitte ist wiederum stark an der Bewegung beteiligt, und die begleitenden Schritte erhöhen den dynamischen Gehalt der Sequenz. Diesmal verwenden wir Richtungsziele, die auf halben Wege zwischen den einzelnen Diagonalen liegen; sie heißen Diametralrichtungen (vgl. 5. Kapitel, S. 102). Zuerst müssen wir unseren Standort festlegen und dann ein kleines Stück zurück auf den rechten Fuß treten, wobei wir die Arme vor dem Körper kreuzen, so daß jede Hand an der Gegenhüfte vorbei nach rückwärts geht, während das Kreuz nach hinten hinauszieht. Nun sind wir bereit, die durch unsere Kinesphäre führende Sequenz zu beginnen:

Anfangsstellung:	rechter Arm	*lz*
	linker Arm	*rz*
	rechtes Bein	*z*

Bewegung: (untereinanderstehende Richtungen sind gleichzeitig auszuführen)

rechter Arm	*hr – vt – rz*
linker Arm	*hl – vt – lz*
links Schritt	*v*
rechts Schritt	*z* zum Ausgangsort und dort auf beiden Ballen hoch

Diese Sequenz entwickelt einen Verlauf aus einer sehr engen und leicht konkaven Stellung zu einer sehr weiten, im Rumpf konvexen Stellung. Die Entwicklungsphasen führen über ein Ausbreiten des Brustkorbs mit Aufrichten der Wirbelsäule und Heben der Arme zu einem weiten Ausfall nach vorn und einem Hinunterneigen. Die Orientierung zu den Seiten hin ist hier ausgeklammert, die Hände treffen sich, während Gesicht und Augen auf sie gerichtet sind. Dies bringt eine nach vorn–unten ziehende Kraft hervor, die eine dynamische Vorbereitung für eine nach hinten zielende Auflösung gibt, in der sich der Rumpf zurückbiegt, Arme und Hände sich trennen und etwa in Hüfthöhe öffnen. Die Brust und das Gesicht weisen nach vorn-oben und geben der Endstellung so einen strahlenden, offenen und starken Ausdruck.

Gesten der Gliedmaßen, die in der Kinesphäre kreisen oder sie durchqueren, gehen vom Körper weg, zu ihm hin oder um ihn herum. Es liegt an der kugelförmigen Natur des Bewegungsumraums und an unserer Körperstruktur daß eine reibungslose Kontinuität des Bewegungsflusses durch ein Abrunden der Raumwege erzielt wird, besonders dann, wenn der Endpunkt eines jeden Weges entweder an der Peripherie der Kugel oder in ihrem Zentrum erreicht ist. Auf diese Weise werden bogige, gerundete oder wellenförmige Spuren geschaffen, wie es am zuvor beschriebenen Beispiel des auf- und abführenden Kreisweges dargestellt wurde.

Das zuletzt gebrachte Beispiel, in dem die Bewegung die, Kinesphäre durchquert, führt einen neuen Gedanken ein. Die Gesten, welche die Spurform gestalten, durchlaufen dabei drei Phasen und werden jedes Mal ganz an die Peripherie der Kinesphäre ausgedehnt. Ohne ein Abrunden der Raumwege nähern wir uns dem jeweils nächsten Ziel in mehr oder weniger direkter Weise, was sich auf die Arme in einer ausgesprochenen Beuge- und Streckbewegung auswirkt. Die Spurform hat scharfe Kanten und bestimmte Punkte, an denen der Zug in die neue Richtung begonnen wird. Das Konkav- und Konvexmachen der Wirbelsäule und des Rumpfes vervollständigt die innere Struktur der Spurform mit komplementären Biegungen und gestaltet so ein organisches Fortschreiten durch die Kinesphäre. Die Spurform hat jedoch scharfen, akzentuierten und dynamischen Charakter.

Zuletzt wollen wir uns solchen Gesten zuwenden, die in dem Teil oder Teilen des sich bewegenden Gliedes ansetzen, die von der Körpermitte am weitesten entfernt sind. Das Körperzentrum soll hierbei ruhiggehalten sein und den Gesten einen beständigen Gegenpol bieten. Das Erkennen der entstehenden Spurform beschränkt sich in diesem Fall hauptsächlich auf ihren Umriß. Die Bewegungen haben meist sehr plötzliche und scharfe Richtungswechsel oder sie sind regelmäßig, ohne Steigerung oder Minderung der Intensität und Geschwindigkeit. Der Umriß kann bogig, eckig oder wellig sein; er kann nahe am Körper oder weit von ihm entfernt gezeichnet werden oder von nah nach weit verlaufen. Die Geste hat – unabhängig von jeder von ihr gemachten Spur – als Antagonisten die Körpermitte, die ausgleichend eine bestimmte Haltung einnimmt. Dies verleiht dem Bewegungsausdruck ein gewisses Gefühl von Losgelöstheit, Abgeschlossenheit und zurückhaltender Kraft.

Wir haben drei Beispiele für Spurformen betrachtet:

a) die kreisende, wellenförmige Bahn, hervorgebracht durch ein Zusammenwirken der Rumpfbewegungen, Armgesten und begleitenden Schritte,
b) die von einer nahen zu einer weiten Stellung fortschreitende Bahn, bei der Rumpfbewegungen, Armgesten und Schritte einander ergänzen,

c) die von den Extremitäten gezeichnete Bahn, bei der die Körpermitte als Gegenpol eine bestimmte Haltung einnimmt.

Wir sehen, wie ihre Konfigurationen durch das Zusammenspiel des ganzen Körpers aufgebaut werden. Sie bestehen aus Spannungen zwischen Punkten und Ebenen; die Beziehung zwischen den einzelnen Teilen einer Spurform erzeugt dynamische und plastische Aktivität. Die Qualität dieser Aktivität wird durch die Energiequalitäten beeinflußt, mit denen wir die nebeneinanderlaufenden oder sich überschneidenden Linien und Ebenen ausführen, sie in verschiedene Richtungen ziehen, zusammenführen oder voneinander trennen. Wenn wir tanzen, spielen wir mit dem Schöpfen, Umformen und Auflösen von Spurformen. Indem Bewegungsimpulse und geistige Bilder in unseren Körperbewegungen Gestalt annehmen, werden Spurformen spontan oder mit Überlegung geschaffen. Es ist jedoch nützlich, die Grundformen der Beziehungen zwischen Linien und Ebenen zu studieren, wie Laban sie im 5. Kapitel einführte. Um ihre volle Bedeutung zu erfassen, müssen wir uns bemühen, vorgegebene Spurformen zu unseren eigenen zu machen, indem wir sie mit Bewegung, Phantasie und Freude erfüllen und ihnen individuellen körperlichen Ausdruck verleihen.

Manchmal entdecken wir jedoch auch, daß Gesten unharmonischen Bahnen folgen und die Körperhaltung sich ohne Zusammenhang mit ihnen verändert, so daß sich beides nicht zu einem Ganzen verbindet. Solche isolierten Körperäußerungen können sehr beredt sein und dem Tänzer Gelegenheit geben zu erfahren, wie sich ein einziger Bewegungsantrieb ausdrückt und manifestiert. Dies wird besonders herausgehoben, wenn die Geste einen klaren Raumbezug nicht nur zur Körpermitte und ihrer bestimmten Haltung, sondern auch zu anderen bewegten oder unbewegten Teilen des Körpers sowie zum Boden hat. Daraus ergeben sich deutliche Bewegungsaussagen im Raum wie:

weg von, auf etwas zu, parallel mit, über, unter, überkreuz, annähern, treffen, auseinander, zur Seite, herum, nahe, weit, zusammen und vieles mehr.

Der Tänzer muß bestrebt sein, ein klares Gefühl für die Art der Beziehung zu entwickeln, welche die einzelnen Teile des Körpers zueinander, zum Boden wie auch zu seiner Kinesphäre haben.

Zusammenfassung

Die sechzehn Grund-Bewegungsthemen im 3. Kapitel enthalten verschiedene Abschnitte zur Bewegung im Raum. Laban gibt dort eine systematische Einführung in dieses Problem. Man kann, wie er oft sagte, nur Tatsachen niederschreiben, alles andere ist Dichtung. Die »Tatsache« einer bestimmten Spurform oder geschlossenen Kette im Raum ist aber mehr als bloß der Umriß eines »Designs«; sie hat ihre eigene besondere Gestalt, ihre Zugkräfte und Spannungen.

Wie bereits gezeigt wurde, stellen die Spurformen eine Herausforderung an den Tänzer dar. Zum einen bringt er durch ein Hineinfühlen in sie die ihnen innewohnenden kinetischen Qualitäten heraus und verleiht ihnen so, seiner eigenen Vision und Geisteskraft gemäß, poetisches oder dramatisches Leben. Zum anderen muß er Formen finden und gestalten, mit denen er seine Tanzidee zum Ausdruck bringen kann, da bedeutsame Form das Instrument für wesentlichen Ausdruck ist.

Bewegung ist allem Leben eigen. Sie ist in jedem von uns vorhanden; um ihre Kraft aber nutzen zu können, müssen wir uns ihrer bewußt werden und lernen, ihre Prinzipien zu erkennen und ihre Formen zu erfahren. Unsere Bewegungsimpulse erzeugen Form, und Form erzeugt Impulse. Der Körper kann mit seinen verschiedenen Teilen wie ein Orchester arbeiten: die einzelnen Teile können bei der Gestaltung eines vollständigen Bewegungsgebildes aufeinander folgen oder sich zu gemeinsamer Aktion verbinden (vgl. S. 53f., Thema 12). Sie können sich im Einklang oder voneinander abweichend bewegen, manche übernehmen vielleicht die Führung, während andere begleiten oder einen ruhigen Gegenpol bieten. Die tänzerische Intention bestimmt die verschiedenen Aktionen, und bei der Verwirklichung wird der gesamte Mensch in ein integriertes Ganzes einbezogen.

Ein geschultes Verständnis und eine erhöhte Wahrnehmungsfähigkeit für Bewegung sind notwendiger Bestandteil für unser Vermögen, eine Beziehung zu anderen Menschen und unserer Umwelt herzustellen. Im Tanzen können wir Beziehungen erfahren, durch die wir uns selbst und andere bewußter wahrnehmen. Das Gefühl von Freude, das Tanz vermitteln kann, hilft uns in Einklang mit uns selbst zu kommen und ein tieferes Empfinden von Zugehörigkeit zu entwickeln. Dazu müssen die uns innewohnenden Bewegungsimpulse belebt und zu einem vollen und geformten Ausdruck geführt werden. Wenn wir ausreichend »bewegt« sind und echten Ausdruck im Tanz erlangen, dann beginnen wir jene Barrieren abzubauen, die durch unsere Lebensweise und die geistige Atmosphäre, in der wir uns entwickeln, errichtet wurden. Wenn wir durch unser Unterrichten Menschen geholfen haben, ihren Ängsten zu begegnen und mehr Vertrauen in ihre Fähigkeit zu gewinnen, sich anderen frei, einfühlsam und mit Phantasie mitzuteilen, wenn wir sie auch nur ein bißchen dazu befähigt haben, sich ihrer eigenen Möglichkeiten und des Potentials anderer bewußt zu werden, dann haben wir schon ein gutes Maß an Erfolg erzielt. Ein solcher Erfolg ist die Rechtfertigung für eine Erziehung durch Tanz.

Glossar

Bewegungsantrieb

auch Bewegungsimpuls. Begriff aus Labans Lehre von den Ausdrucksqualitäten und der Leistungsfähigkeit des Menschen, die in den Rhythmen körperlicher Bewegung sichtbar werden. Im Englischen prägte Laban dafür den Fachausdruck *Effort.* Seine Lehre von den expressiven Qualitäten im Tanz nannte er *Eukinetik.*

Bewegungsfaktoren

Schwerkraft, Zeit, Raum, Fluß. Sie sind die natürlichen Gegebenheiten, welche Bewegung aktivieren. Aus der inneren Einstellung zu diesen Faktoren (gegen sie ankämpfen oder sie erspüren) ergeben sich die unterschiedlichen Energiequalitäten einer Bewegung.

Elementare Antriebsaktionen

Es gibt acht elementare Antriebsaktionen *Drücken, Flattern, Stoßen, Schweben, Wringen, Tupfen, Peitschen* und *Gleiten.* Sie enthalten je drei der Energiequalitäten, die sich auf die Faktoren *Schwerkraft, Zeit* und *Raum* beziehen. Es gibt Ableitungen dieser elementaren Antriebsaktionen, in denen jeweils eins der Elemente besonders hervorgehoben ist.

Energiequalitäten — auch Antriebsqualitäten oder -elemente. Aus unterschiedlicher Einstellung zu den Bewegungsfaktoren ergeben sich folgende Energiequalitäten einer Bewegung:

fest	–	zart
plötzlich	–	allmählich
direkt	–	flexibel
gebunden	–	frei

Grund-Bewegungsthemen — Es gibt 16 Grund-Bewegungsthemen. Sie gliedern sich in acht elementare und acht fortgeschrittene Themenkreise. Die *elementaren Themen* umfassen:

- Körperbewußtsein
- Bewußtsein von Schwerkraft und Zeit
- Raumbewußtsein
- Bewußtsein des Flusses von Körpergewicht in Raum und Zeit
- Anpassung an einen oder mehrere Partner
- instrumentellen Gebrauch der Gliedmaßen
- Wahrnehmen einzelner Aktionen
- Arbeitsrhythmen.

Die fortgeschrittenen Themen beinhalten:

- räumliche Gestaltung einer Bewegung
- Kombinationen aus den acht elementaren Antriebsaktionen
- Orientierung im Raum
- Raumformen und Energiequalitäten mit Einsatz verschiedener Körperteile
- Elevation

- Gruppenformationen
- Wecken des Gruppengefühls
- Ausdrucks- oder Stimmungsgehalt einer Bewegung

Kinesphäre — (Bewegungskugel) auch Bewegungssphäre oder persönlicher Bewegungsumraum im Gegensatz zum allgemeinen Raum

Raumform — die vom Körper und seinen Gliedern im Raum geschaffene Form, in der innere Bewegungsantriebe sichtbar werden. Laban nannte, seine Lehre von den räumlichen Zusammenhängen im Tanz *Choreutik.*

Raumrichtungen -orientierung — Dimensionalrichtungen (hoch–tief, vor–zurück, links–rechts), Diagonalrichtungen und Diametralrichtungen. Die Orientierung im Raum erfolgt mit Hilfe des Dimensionalkreuzes, das in einen imaginären Kubus gestellt ist. Die Mitte dieses Kubus ist zugleich Schnittpunkt des Dimensionalkreuzes und Körperzentrum und ist als Punkt Z der 27. Orientierungspunkt im Raum. (Vgl. Abb. 2 S. 51)

Index

B

C

D

E

F

G

J

K
